DU MÊME AUTEUR

Aux Éditions Gallimard

SANS MÉMOIRE, LE PRÉSENT SE VIDE, 2010.

MUSIQUE ABSOLUE. Une répétition avec Carlos Kleiber, collection L'Infini, 2012 (Folio n° 5789).

JOURS DE POUVOIR, 2013 (Folio n° 5695).

Aux Éditions Grasset

LE MINISTRE, 2004.

DES HOMMES D'ÉTAT, 2008.

À NOS ENFANTS

BRUNO LE MAIRE

À NOS ENFANTS

nrf

GALLIMARD

AVANT-PROPOS

C'est une lettre. Elle a été commencée dans le Gers, en décembre 2013, dans une chambre qui donne sur un champ nu. Elle a été achevée au printemps 2014. On y entend de la colère : colère contre ce que devient la France, qui est mon pays et celui de mes enfants ; colère contre ce que vivent mes compatriotes ; colère contre leur appauvrissement, leur difficulté à imaginer un avenir serein, leurs efforts qui ne sont pas payés de retour, ou si peu, leur anxiété, pour certains leur épuisement ; colère contre le spectacle de ces territoires et de ces villes, qui offraient il y a vingt ans un visage encore prospère, et qui tombent à l'abandon ; colère contre notre déclassement.

« J'ai honte d'être française ! Vous voulez savoir ? J'ai honte d'être française ! Et vous, les politiques, vous me faites encore plus honte, vous venez ici, vous venez nous voir, mais vous me faites honte ! » Ce cri d'une femme sans âge, à Lure, en Haute-Saône, dans un magasin de vêtements où elle choisissait un chemisier, il résonne encore en moi. Elle avait les traits creusés, le visage osseux, sa mère la regardait du coin de l'œil quand elle parlait, avec le même profil d'oiseau et en poussant de petits soupirs. Notre discussion se prolongea pendant dix bonnes minutes, entre deux portants métalliques chargés de vestes brodées. Au moment de nous séparer, elle ajouta, toujours sous le regard un peu fou, égaré et vague, de sa mère : « La France, de toute façon, c'est une ruine. Alors vous pouvez toujours essayer de la réparer, votre ruine, ça sert à rien, il faut tout détruire maintenant. Il reste plus que ça : tout détruire. » Quelques mètres plus bas dans la rue principale, j'entre chez la fleuriste ; dans le tintement du carillon accroché à la porte, le député de la circonscription, Alain Chrétien, me glisse entre deux bouchées de croissant : « Elle est pour nous, mais pas loin de nous quitter, pas la peine de te dire pour qui. » La fleuriste me toise et me lance aussitôt : « Soixante heures par semaine, je travaille ! Soixante heures ! Pour sortir quoi ? Mille euros par mois. Tout ce travail et mille euros : vous imaginez ? Est-ce que vous imaginez ? Dans deux ans je pars à la retraite, mon magasin, qu'est-ce qu'il vaut ? Rien. Il vaut plus rien mon magasin. Avant ça rapportait, avec mes parents on vivait correctement, pas trop bien, mais correctement quand même, maintenant ça vaut plus rien. Qui peut encore acheter des fleurs ici ? Pas grand monde, je vous dirais. Franchement pas grand monde. Pour les fêtes peut-être, et encore ! » Silence. « Les charges, vous aviez promis de les baisser, vous avez fait quoi ? Vous parlez, vous parlez, et au bout du compte il se passe rien, voilà tout. Alors maintenant vous venez, et qu'on va faire ceci ! Et qu'on va faire cela ! Mais c'est avant qu'il fallait le faire, moi je vous dis ! C'est avant ! » Un nouveau silence : « Maintenant, quoi ? Maintenant c'est trop tard. » Elle enfonce ses deux mains rouge brique dans son tablier, il n'y a plus qu'à partir, en laissant derrière soi de bonnes paroles – « On va le faire, madame, ne vous inquiétez pas, on va le faire, c'est bien pour ça qu'on vient vous voir, non ? » – qui ne réconfortent plus. Le carillon de la porte vitrée sonne dans le vide ; derrière la vitrine, où sont placardées des affiches en tout genre, foire à tout, horaires de messe, concert de jazz, « Atlas » restaurant marocain, un bouquet de tulipes incline ses fleurs ovales vers le carrelage blanc. Nous montons avec Alain Chrétien et notre candidat aux élections municipales, Christophe Goret, tout juste la trentaine, dans le quartier du Mortard, sur les hauteurs de la ville. Hicham nous attend sur son scooter, au pied d'un immeuble rectangulaire en ciment. Nous lui serrons la main, entamons la discussion, le quartier, la sécurité, tout va bien ? Les banalités d'usage, puis cette question dont nous connaissons la réponse : « Vous attendez quoi de nous ? » La réponse fuse, dans un haussement d'épaules : « Un emploi ! Nous, ce qu'on veut ici, c'est un emploi, vous voyez ? Un emploi et puis voilà. À Lure, il n'y a rien à faire ; c'est ça le problème. Vous pouvez dire ce que vous voulez, mais il y a rien à faire ici. » Dans sa voix, on entend quelque chose d'encore chantant, et aussi de las et de résigné. À Lure, Haute-Saône, huit mille habitants environ, comme dans des centaines d'autres villes, on désespère de la France. Les plus âgés se résignent sans le dire. Les plus jeunes rêvent de partir. Certains le font : les mieux lotis, ceux qui ont les diplômes, qui maîtrisent des langues étrangères, dont les parents peuvent financer les études en Angleterre ou aux États-Unis et le voyage avec. Les autres restent. À Lure, Haute-Saône, des jeunes rêvent de partir et des jeunes restent. Que vaut un pays auquel ses jeunes ne croient plus ? Que vaut une nation qui fait fuir les meilleurs et qui ne sait plus aider les plus fragiles ? Ma colère est née de là : de ces endroits ordinaires où la France muette crie. Et qui l'écoute ? Il a fallu mettre des mots sur cette colère. Ce ne sont pas les miens. Ce sont les mots des Français que j'ai rencontrés depuis des mois, qui ont leur sincérité, et qui en disent davantage, en quelques phrases, que les discours de ceux qui les gouvernent ; ou qui tentent de les gouverner ; car notre impuissance, à nous, les responsables politiques, droite et gauche confondues, à faire baisser le chômage depuis trente ans, notre impuissance à restaurer la dignité dans les affaires publiques, notre impuissance à consolider les atouts de la France dans la mondialisation et à en faire émerger de nouveaux, notre impuissance à améliorer le fonctionnement de l'État, qui est aussi notre nation, notre impuissance à rassurer, notre impuissance à faire rêver, cette lancinante impuissance que nous avons voulu dissimuler si longtemps, désormais elle éclate au grand jour. Nous pouvons essayer de faire semblant, donner le change, ressasser nos rengaines et nos formules. Mais plus possible de détourner le regard : elle est là notre impuissance, en évidence. Nous, élus, maires, députés, ministres ou Président, que ce soit juste ou non, nous entendons chaque jour une femme nous reprocher : « Regardez donc ce que vous avez fait, regardez ce que vous avez laissé faire. »

Un après-midi de printemps, de retour d'une foire agricole du pays de Caux, je roulais sur une départementale le long de je ne sais quelle vallée, toute mouillée de vert et ensoleillée. Perdu au milieu des prairies, un pommier au tronc court croulait sous ses fleurs blanches. Le clocher d'un village pointait comme une mine de crayon au-dessus de la frondaison des arbres, rassemblant autour de lui des maisons de brique, et plus loin des pavillons beiges, clos par des grilles. Les pavillons en moins, je reconnaissais les villages de mes vacances de Pâques et de la Toussaint, Ry, Charleval, La Feuillie, Fleury-sur-Andelle : dans chaque maison, on aurait pu deviner dans l'ombre Madame Bovary et son front perlant de sueur. Tout était aussi beau que dans mon souvenir. À mesure que je me rapprochais de Paris, tout devenait triste aussi. Les commerces avaient fermé. Une façade arborait encore sur son fronton : « Boucherie chevaline », en lettres rouges, entre deux têtes de chevaux en laiton doré, mais personne ne faisait la queue derrière la vitre opaque, sur les petits carreaux glissant de sciure. Sous le panneau Castrol, deux carcasses de voitures reposaient pare-chocs contre pare-chocs, la lunette arrière brisée, les orbites des phares vides. Quand les deux pompes rongées par la rouille avaient-elles livré leur dernier litre de gasoil ? Ce n'était pas encore la banlieue, et plus tout à fait la campagne ; c'était la ceinture de la grande ville, la zone abandonnée, où on essaie de vivre tant bien que mal, les communes-dortoirs toujours plus éloignées du travail, quand on en a un, les morceaux délabrés dont personne ne s'occupe. Là, je ne reconnaissais plus rien ; la pauvreté, ou pas vraiment la pauvreté, une gêne, avait grignoté cette prospérité avec laquelle j'étais né en 1969 et qui, dans le début des années 70, malgré le choc pétrolier de 1973, gardait encore de beaux restes. Il me semble (mais les souvenirs des familles heureuses trahissent les souffrances des autres familles) que la vie en France alors était plus douce. La crise commençait, pourtant chacun pensait de bonne foi que bientôt elle prendrait fin. « Le pire est derrière nous », voilà ce qu'on entendait, tous les jours, de la part des responsables politiques au pouvoir, jusqu'à ce que plus personne ne les croie, et que finalement plus personne ne les écoute. En 1981, les Français désignèrent un nouveau Président, la crise persista. Nouveau changement en 1995 : toujours la crise. 2007, après une campagne pleine d'espoir et une élection gagnée haut la main : encore la crise. Puis il y eut cette élection maussade de mai 2012, où les Français décidèrent de rompre avec un homme plutôt que d'en choisir un autre, auquel ils crurent, quoi ? quelques mois ? quelques semaines ? La péremption des politiques est plus rapide que jamais. Leurs promesses tiennent à un fil. On ne nous croit plus, tout simplement. Quoi que nous disions, quoi que nous promettions, nos compatriotes sont convaincus que le chômage de masse et ses ravages resteront incrustés dans notre société, que les inégalités entre les territoires grandiront, que nos plus belles entreprises industrielles seront rachetées par plus puissant, car plus riche, que nous, que nos services publics fermeront, que nos campagnes se videront de leurs habitants, que notre nation, qui a mis des siècles à forger son unité, avancera de plus en plus dans la division et cédera sous la pression des communautarismes. Comment leur donner tort, quand on regarde lucidement nos résultats ? Comment les convaincre du contraire ? La crise s'est installée dans nos têtes comme une douleur chronique, qu'aucun remède ne parvient à soigner, aucun médecin, et surtout pas les politiques, déconsidérés comme jamais.

Avec ma femme Pauline, nous avons quatre enfants, de trois, six, douze et quatorze ans. Je refuse de leur laisser une France qui ne croit plus à son avenir. Je refuse les accommodements, les compromis, les mensonges, qui depuis des années nous ont empêchés de valoriser nos forces nationales. Je refuse le rétrécissement. Je refuse les situations établies, le goût des titres et des honneurs, les rentes, les avantages acquis, les petits arrangements entre amis qui empêchent les talents nouveaux de prendre leur place dans notre société. Je refuse que mes enfants vivent dans un pays qui ne leur offre pas de travail, pas de logement et, surtout, pas de rêve. Je ne vois pas au nom de quoi je me résignerais à ce que mes enfants réussissent ailleurs que dans leur pays natal, la France. La résignation n'est pas dans ma nature, le combat, si. Alors je leur ai écrit cette lettre. Elle vient de mes souvenirs, de mon expérience, de mes rencontres autant que de mes aspirations. Je veux leur dire que la France est une belle cause. Je veux leur dire cet émerveillement qui est le mien et celui de millions de mes compatriotes d'être français. Je leur raconte leur histoire. Je leur explique leurs origines. Ils croiseront les mémoires différentes et nouvelles qui peuplent notre territoire avec nos valeurs républicaines, qui font son unité. Ils mesureront l'étendue de notre nation, qui borde tous les continents. Ils entendront ces accents envoûtants de Césaire, qui ne franchiront jamais leur bouche et qui sont pourtant aussi les leurs, parce que la langue qui les dit est leur langue, le français : « Et pourquoi pas la haie de geysers les obélisques des heures le cri lisse des nuages la mer. » Oui, pourquoi pas cet élan neuf ? Pourquoi pas la France ? Dans cette lettre, un enfant de la vieille France parle à ses enfants : il veut en construire une nouvelle avec eux.

I

Elle écrivait ; elle rédigeait des lettres sur des cartons de correspondance bleus, dans un petit format qui a disparu, elle postait des cartes, elle griffonnait des mots sur des bouts de papier, en prenant ce qui lui tombait sous la main, les sacs bruns des marchands de légumes, le revers des contraventions, les emballages pour la viande, tachés de sang. Elle racontait une halte dans un village avec la même ferveur que sa dernière excursion dans un continent lointain. En écrivant, elle pensait à son fils et à sa fille ; elle pensait aux enfants de ses enfants ; elle pensait à la tante Odette, dont aucun spécialiste ne parvint à soulager les souffrances : « Ma pauvre Odette, toi qui avais toujours le sourire et qui maintenant porte le masque de la maladie, qui te rend visite ? Veux-tu que je passe en coup de vent demain ? » Pour un rien, de la lessive à acheter, la Peugeot à réviser, un tricot qu'il faudra emporter en Normandie parce que le froid tombe vite à cette époque de l'année, mais aussi pour les morts, pour les naissances, elle écrivait. Ma grand-mère maternelle, votre arrière-grand-mère, Isabelle, avait la passion de la langue française. La plupart de ces courriers, elle les adressait à sa fille, Viviane, ma mère, votre propre grand-mère. Isabelle ne mettait aucun soin particulier à son style : pourtant elle en avait un, reconnaissable à la première ligne, un ton particulier qui lui venait naturellement et coulait de source. Ses mots touchaient juste, ils touchaient au cœur. Aucun obstacle intellectuel, affectif ou moral ne les avait déformés dans leur trajet de son cerveau à la feuille de papier, sur laquelle ils venaient couler avec la limpidité des courants de la Drôme – un matin d'octobre, nous nous étions arrêtés ensemble sur une plage de galets au bord de cette rivière, un vent glacial ébouriffait la ligne de peupliers, mais ce qui la fascinait, et la raison pour laquelle elle avait bondi hors de sa voiture, c'était la clarté verte de ses eaux. Quand Viviane rentrait des grandes vacances d'été, épuisée par un voyage de plus de dix heures en voiture, avec à son bord au début seulement deux, puis trois, puis six enfants, elle était certaine de retrouver sur la table de la cuisine, glissé parmi les provisions, un mot de bienvenue dans lequel Isabelle se souciait de notre bon retour, du fonctionnement de la voiture, si la route n'avait pas été trop chargée, si la traversée des Landes sous le soleil n'avait pas été trop éprouvante, si personne n'avait eu, comme elle disait, un coup de chaud. Et ce mot, griffonné à la hâte, était comme le dernier écho de ces cartes postales qu'elle n'avait cessé de nous envoyer, à nous ses petits-enfants, tout au long du mois d'août, qu'elle passait seule, dans son appartement du boulevard Victor-Hugo, à Neuilly-sur-Seine.

Juillet était son mois ; août le mois de mon autre grand-mère, la mère de mon père, votre grand-père Maurice, qu'aucun de vous n'a connu. La tumeur au cerveau qui le faisait souffrir de migraines atroces avait commencé à lui faire perdre son équilibre, puis la mémoire, puis toute forme de raisonnement sensé, enfin la vie, quelques semaines avant que toi, Louis, tu ne viennes au monde dans un hôpital du douzième arrondissement de Paris.

Nous étions en novembre 1999. Maurice était mort le mois précédent dans une unité de soins palliatifs, tenue par des sœurs exceptionnelles de dévouement. Attablé au comptoir d'un café de la rue du Faubourg-Saint-Antoine, j'avalais un sandwich avec une bière, en attendant que l'infirmière de garde, qui avait insisté pour que je laisse ma femme tranquille et que je parte manger un morceau, m'appelle pour me prévenir : « Venez, il va naître. » Première naissance, premier fils, il faisait doux dans la capitale pour un mois de novembre, j'exultai, je criai je ne sais quoi en sortant dans la rue. Ton grand-père et toi, vous ne vous êtes rencontrés qu'à une seule occasion, une rencontre incertaine, au début de la grossesse de ta mère. Son ventre était à peine arrondi. Pauline avait insisté pour voir son beau-père malade, dans la clinique de la banlieue parisienne où il se reposait. Elle lui annonça : « Vous allez être grand-père. » Maurice hocha la tête. Il semblait heureux. Il dit doucement : « Les choses graves commencent. » Un pied nu sortait de sous la couverture. Ses mains osseuses reposaient sur les barres de protection du lit. Pauline tira le fauteuil en skaï vert et prit une de ses mains. Pour ne pas pleurer en vous voyant tous les trois – lui, qui allait mourir, affaire de semaines selon les médecins, elle et, avec elle, toi, qui allais naître, à une date que le gynécologue avait estimée aux alentours du 25 novembre, toi, que je ne connaissais pas encore, et lui, que je connaissais, mais si mal au bout du compte –, pour ne pas pleurer, donc, je détournai les yeux et observai par la fenêtre, sous un ciel bleu, un hippodrome, sur lequel une course de chevaux venait de démarrer et formait de loin comme un essaim compact, mobile, fluide et silencieux. Les tempes battantes, je me sentais incapable de dénouer les fils de cette rencontre entre la maladie, la mort inconnue, la gestation, la vie, la vie aveugle, la vie sourde. « On y va ? » Pauline se retourna vers moi dans un sourire. Mon père regardait droit devant lui. Il n'entendait plus. Il nous dit vaguement au revoir à tous les trois, en soulevant sa main droite, si frêle, dont les articulations en éventail tremblaient. Avant la maladie, lui aussi écrivait. Principalement des cartes postales, dont les représentations historiques servaient de prétexte à instruire ses enfants, dont moi-même, de l'histoire de France et des leçons que nous pouvions en tirer. Il avait ses marottes : par exemple, le passage du col du Grand-Saint-Bernard par Bonaparte, peint par Jacques-Louis David. À mon frère aîné, votre oncle Éric, et à moi, il a dû envoyer la représentation en petit format de ce tableau héroïque au total une bonne dizaine de fois. Au dos, il inscrivait en guise de recommandation : « Vous pouvez vous inspirer dans votre conduite de Bonaparte qui a franchi en plein hiver le col du Grand-Saint-Bernard, avec ses armées. » Ou encore : « N'oubliez pas comment Bonaparte a franchi glorieusement le col du Grand-Saint-Bernard. » Les pontonniers du général Éblé figuraient aussi très haut dans son estime, par conséquent dans la nôtre. Suivaient dans ce panthéon la bataille d'Eylau par le baron Gros et, de manière plus surprenante, parce que moins glorieuse, la retraite de Russie par Ernest Meissonier, où Napoléon ouvre la route la main enfoncée dans sa capote ardoise, le visage fermé, tandis que Marengo, son cheval préféré, renâcle dans la neige boueuse. Au dos, il a écrit, de son écriture élégante et fine, qui forme les M majuscules en pain de sucre : « Mon petit Bruno, il faudra être aussi vaillant dans les épreuves que la vie te réservera. » Il y a des modèles de courage plus faciles à suivre que de partir à la conquête de la Russie à l'automne, rentrer dans un froid sibérien, galvaniser les lambeaux de la Grande Armée éreintée et harcelée par les cosaques, affronter au retour un peuple épuisé par des expéditions aussi lointaines qu'inutiles. Pourtant, dans le ton de ses cartes, la bienveillance de mon père l'emportait sur la rigueur de ses recommandations. Après avoir glosé sur Bonaparte ou Napoléon, il ajoutait à la fin une formule, toujours la même, quelles que soient les circonstances : « Avec toute l'affection de ton Papa. » Son style lui ressemblait : tout de hauteur, sans aucun relâchement, avec cette raideur qui pouvait donner quelque chose de comique à ses tournures, mais en assurait la tenue.

Isabelle ne s'encombrait d'aucune de ces considérations morales, elle écrivait par goût, par habitude, quand la solitude lui pesait, parce qu'elle venait de raccrocher au téléphone avec ses petits-enfants : « C'est une joie douce-amère que de vous entendre au téléphone, à la fois si proches et si lointains, enfin, plutôt douce, parce que je sais que vous m'avez appelée du café du Port. » Avec sa simplicité, le café du Port, à Ciboure, restait son favori, malgré la concurrence des cafés plus élégants de Saint-Jean-de-Luz. Dans ses lettres, ma grand-mère expose ses doutes, sa peine, son bonheur ou son agacement, mon père garde pour lui ses sentiments ; il instruit, elle raconte. La langue est pour lui un pouvoir, pour elle, que son éducation stricte de jeune fille rangée avait privée de parole, une liberté. Il se sert des grands moments de notre histoire, elle prend prétexte de nos paysages : deux faces de notre nation. Tous les deux ont en partage une pratique régulière de la langue française, un exercice, une familiarité quotidienne avec les mots. Maurice, votre grand-père, a élevé ses enfants avec le secours de cette langue, qui est désormais la vôtre, comme Isabelle, ma grand-mère, a pu surmonter la solitude de son veuvage en tissant jour après jour dans la même langue une relation unique avec sa fille, Viviane, et avec les aînés de ses petits-enfants. Souvent je relis sa correspondance ; elle traîne en vrac dans une boîte en carton, dans notre maison du Pays basque. Son écriture de guingois remplit la feuille ou le dos des cartes postales, sans se soucier des lignes pour l'adresse ou du carré pour le timbre, et quand elle ne trouve plus de place où se loger, elle grimpe le long des marges, avec la voracité du lierre. Elle rentre d'Avignon, elle trouve Paris « sous le froid et sous la pluie, si maussade », elle interrompt son courrier « pour mettre des collants » et revient dire à sa fille combien elle reste sous le charme de Villeneuve-lès-Avignon et des « demeures qui tombent à pic sur le Rhône ». Toute la France en quadrichromie défile sur ces cartes : la France en images au verso, la France dans sa langue au recto. Elle trouve « décidément charmante la hêtraie de Lyons, quoique les troncs soient bien lisses et uniformes », elle se fait peur sur un rocher de la Montagne Noire, elle se baigne dans le lac de Saint-Ferréol, dont elle sort « transie et les cheveux mouillés, malgré mon bonnet, qui est tout à fait inefficace ». Elle m'explique que ce lac de Saint-Ferréol alimente le canal du Midi, elle me demande de « bien regarder les pointillés sur la carte, ce sont les limites des trois départements où se trouve cette retenue d'eau : la Haute-Garonne, le Tarn et l'Aude ». Elle me parle de Pierre-Paul Riquet, qui a réalisé cet ouvrage, mentionne la percée des Cammazes dont la « rigole ingénieuse » fait couler l'eau de la montagne au lac, enfin, estimant en avoir fait assez avec ses explications, elle ajoute : « Monsieur Lucas a rouvert son bazar et il a plein de nouveaux jouets pour toi, qui volent et qui roulent. » À Saint-Ferréol, le bazar de monsieur Lucas tenait pour mon frère Éric et moi du grand magasin parisien et de la caverne d'Ali Baba. On y trouvait des bouées, des ballons dans leur filet en plastique, des épuisettes pour attraper les poissons minuscules qui miroitaient aux abords du lac, des cannes à pêche, des parasols, des bateaux à moteur, avec leur hélice graisseuse. Nous avions une préférence pour les bateaux à moteur, qui filaient en flèche sur les eaux immobiles de la retenue, crachotant, pétaradant, virant brusquement à plat en dégageant une fumée âcre et bleue. Ils sentaient l'essence et donc le monde adulte. Isabelle termine cette lettre par ces mots : « Je dois avoir quelque chose de garçon puisque j'aime autant la vitesse et les moteurs que toi. » Sur une autre carte postale, qui représente le Grand Bey, elle a écrit : « Ce n'est pas simplement la mer que tu vois, mais la mer de Saint-Malo, derrière les remparts, donc la mer que voyait le grand Chateaubriand. » Quelques lignes plus bas, elle me demande de regarder qui est le grand Chateaubriand, elle me le donnera à lire plus tard, car elle le juge beaucoup plus intéressant que Proust, qui est ingrat envers le monde dont il est issu, le même qu'elle, et un snob. Des années après, elle me glissera en sortant d'un déjeuner chez son amie Lebée Bugatti : « Je ne comprends pas ta passion pour Proust, il est terriblement ennuyeux, il faudra que tu m'expliques. » Sans doute était-elle si proche de cet univers proustien qu'elle ne parvenait pas à s'en détacher pour en voir les ridicules et les défauts, ou bien, au contraire, elle les saisissait si bien qu'elle ne comprenait pas ces milliers de pages employées à les décrire. Autant que les photos sépia des sites touristiques dans les compartiments SNCF, glissées dans des cadres métalliques, les cartes postales de ma grand-mère m'ont fait aimer la France et donné le goût, qui ne m'a jamais quitté, de la sillonner sans relâche. Pourquoi n'ai-je jamais été aussi heureux dans ma vie professionnelle que lorsque j'étais ministre de l'Agriculture ? Parce que chaque jour ou presque je partais dans un nouveau coin de France. Le plus reculé était pour moi le meilleur ; le plus sauvage, immédiatement le plus familier. Quand je débarquais en Corrèze ou en Saône-et-Loire après des heures de train et de route, ou après un saut de puce en avion, beaucoup de paysans me faisaient en souriant la remarque de Jacques Chirac : « C'est loin, mais c'est beau. » Je me disais : « C'est beau parce que c'est loin. » Quitter Paris a toujours été pour moi un soulagement. Et je ne retrouve jamais la capitale sans un mélange de fierté et de tristesse, avec dans la poitrine la même oppression que celle que vous ressentez, de retour des vacances, dans les avenues encore désertes et étouffantes de la fin d'été.

De tous les liens qui ont uni ma grand-mère à ses petits-enfants et à sa fille, Viviane, la langue française aura été sinon le plus fort, du moins le plus durable. Il ne reste que des mots des sentiments qui ont passé, mais la langue les a gardés vivants, disponibles, il suffit de se replonger dedans. Un jour vous sortirez de France et vous comprendrez qu'il existe non pas un monde, mais mille mondes. Vous verrez ces mille mondes et je suis certain que vous les aimerez. Partez le temps que vous voudrez, laissez derrière vous ce que vous voulez, sauf votre langue. Elle vous rassemblera, comme elle rassemble tous les Français. Elle vous donnera la solidité intérieure qui permet de résister à tous les ébranlements. Apprenez toutes les langues, les plus rares et les plus courantes, puisque les langues étrangères se nourrissent les unes des autres, ne méprisez jamais la langue française, qui restera la langue que vous avez entendue quand vous ne parliez pas encore. Écoutez des musiques différentes, apprenez les mille intonations des mille mondes, forcez votre esprit à la contorsion de la syntaxe allemande, battez-vous avec les aspirations brumeuses et dansantes de la langue anglaise, ne perdez jamais le sens de votre langue. Elle se confond avec vous. Elle est ce que vous deviendrez. Elle est ce que seront vos propres enfants, quand ils commenceront à leur tour à balbutier des syllabes indistinctes, puis à déformer les mots que vous maîtrisez, en leur donnant une poésie nouvelle. Si vous trouvez trop étroite la langue de votre naissance, dites-vous que très loin de France des hommes et des femmes, au Québec, au Sénégal, en Algérie, au Cambodge et ailleurs, continuent de la parler avec des tournures et des accents différents, qui la revivifient. Dites-vous encore que, parmi tous les motifs de respect de votre pays dans le monde, se trouve au premier rang sa langue. Durant sa vie de musicien, Carlos Kleiber, dont je vous ai rebattu les oreilles pendant des mois, a écrit des milliers de lettres. Le plus souvent il s'exprime en allemand, sa langue maternelle, mais par moments il passe à l'italien, à l'anglais, ou au français. Dans une de ces lettres, il explique son refus de diriger le *Don Giovanni* de Mozart, invoquant tour à tour la figure tutélaire de son père, la difficulté du livret, le temps qui lui manque, la fatigue physique, puis brutalement il coupe : « Maintenant, assez ! Je vais vous parler en français, pour parler clairement. Car on parle clairement en français, *nicht wahr* ? » Carlos Kleiber a raison, il existe bien une clarté de la langue française, qui est géographique, plus que sonore, ce qui rend si difficile de trouver sa propre musique dans notre langue, sauf à la briser : en allongeant démesurément ses phrases, comme Proust, au risque de paraître « snob et effroyablement compliqué » aux yeux de ma grand-mère, quand il ne fait que suivre à la trace les méandres de nos sentiments ; en brisant la langue, comme Céline ; en la laissant couler comme du sable entre ses doigts, à la manière de La Fontaine. Dans le grand débat qui ressurgit régulièrement sur notre identité nationale, et dont le dernier épisode, en 2009, me laissa un goût amer, parce que ses modalités risquaient de rendre les populations immigrées responsables de nos difficultés, je connais un motif puissant de réconciliation : notre langue. Au lieu de critiquer publiquement ce débat, ce qui me valut une remarque acide du Président de la République en Conseil des ministres, j'aurais été avisé de rappeler simplement, comme je le fais avec vous dans cette lettre, une évidence : notre nation est sa langue. Nous sommes ce que notre langue et ses variations infinies racontent de notre histoire, de la diversité de nos origines, de notre prétention à nous exprimer pour les autres, de nos territoires. Notre identité nationale ? Elle se construit dans le respect de la langue française et de la mémoire qui vit en elle. Nous ne réunirons les Français et ceux qui rêvent de le devenir, au point de quitter leur pays pour le nôtre, souvent par des moyens de fortune, que dans notre langue.

À égalité avec le passage du col du Grand-Saint-Bernard par David se trouvait dans les envois de votre grand-père une représentation par Michaël Weixelbaum de l'unique héritier de Napoléon, l'Aiglon, sanglé dans un joli uniforme blanc au col officier bleu roi, les bras croisés sur son épée. Un jour de campagne électorale, dans un trois-pièces du quartier de La Madeleine à Évreux, la photo d'un tirailleur sénégalais de 1914, coincée entre un bouquet de fleurs artificielles et un miroir cerclé de bois sombre, attira mon attention. Tout dans sa posture, de sa présentation de trois quarts jusque dans sa manière de croiser les bras sur son fusil à baïonnette, et surtout le visage altier, quoique mélancolique, me fit penser à cet Aiglon de Weixelbaum, duc de Reichstadt. Intrigué, je tirai mon hôte par la manche et lui demandai de qui il s'agissait : « Oh ! C'est un lointain ancêtre de mon cousin Fatou, qui a été tué au début de la Première Guerre mondiale. » Entre le descendant de Napoléon mort à vingt et un ans dans le château de Schönbrunn, à Vienne, et cet ancêtre sénégalais tué sur je ne sais quel champ de bataille en 14, à des milliers de kilomètres de chez lui, je vis un raccourci de la France. Et je n'aurais pas été étonné, vous savez, de trouver derrière la photo du tirailleur sénégalais des mots à peu près semblables à ceux que mon père m'avait écrits au dos de sa carte postale : « Pense à cet Aiglon qui était si français et qui n'a jamais revu son pays. »

II

Avec la langue française, les voyages étaient la seconde passion de ma grand-mère. Elle y avait cédé très jeune, entraînée par un premier mari, qui courait les casinos, et visiblement lui faisait une vie d'enfer. Elle se sépara de lui. Au terme d'une longue procédure, son mariage fut annulé à Rome. Isabelle reprit, seule, ses voyages. Elle se remaria. Enguerrand de Belabre avait en commun avec son premier mari ses origines aristocratiques : personne dans la famille de votre arrière-grand-mère n'aurait pu imaginer qu'il en aille autrement, on aurait parlé de mésalliance. Pour le reste, il différait en tout : il était fidèle, droit, respectueux, sans doute un peu distant, rien à voir avec le noceur invétéré qui faisait des dettes sur la Riviera. Je n'ai pas connu ce grand-père maternel, votre arrière-grand-père, qui est mort en 1964, cinq ans avant ma naissance. Sur les rares photos que je conserve de lui, il semble grand, élégant, ses traits ont quelque chose de net et de décidé, quoique éclipsés par une particularité dont votre grand-mère a hérité, le bleu étincelant de ses yeux, qui ruisselle sur son visage. Enguerrand est né en 1899, à Alger, de parents propriétaires terriens, arboriculteurs et viticulteurs. À Alger ? Oui. À l'époque, beaucoup de familles françaises partirent s'installer dans les colonies, principalement en Algérie, pour y trouver une vie meilleure qu'en métropole, certains avec le rêve de faire fortune. Mon grand-père appartenait donc à cette population de colons installés en Afrique du Nord, auxquels les événements de la guerre d'Algérie (ou guerre d'indépendance pour leurs adversaires) réservèrent par la suite des heures si difficiles. Il était ce qu'on appelle un pied-noir. Il assura la gérance des propriétés pendant plusieurs années. Des années plus tard, par l'entremise de cette histoire de France qui vous est commune, et qui lie ensemble des destins qui auraient dû seulement se croiser, il aurait pu rencontrer Maurice, mon père, officier dans cette partie du djebel qui, pour un homme confronté à la perte de ses soldats, portait si mal son nom, le djebel Amour. Un de vos arrière-grands-pères a donc cultivé la terre algérienne, un de vos grands-pères y a combattu : cela suffit à nous lier à cette Algérie où je ne me suis pourtant jamais rendu, et dont sont originaires des centaines de milliers de nos compatriotes. Un jour je ferai ce déplacement en Algérie, le temps aura cicatrisé des plaies qui pour certains restent à vif, et des choses pourront être dites qui sont encore tues, envenimant la réconciliation entre nos deux pays.

En 1917, Enguerrand quitta la propriété familiale pour s'engager sur le front. Rien ne l'y obligeait, sinon son sens du devoir, peut-être aussi des relations difficiles avec ses parents, qui ne le ménageaient guère. Après des mois de combat, il reçut un éclat d'obus et perdit un rein. Il rentra chez lui. Il ne se remit jamais de sa blessure, qui devait lui occasionner des troubles toute sa vie, des moments d'égarement, puis une fin précoce. Avec Isabelle, il eut deux enfants, Yves, votre grand-oncle, et Viviane, votre grand-mère. La famille s'établit à Toulouse, où Enguerrand travailla pour le groupe Peugeot. À son décès, Isabelle s'occupa de ses deux enfants et se remit à voyager. À chacun de ses voyages, elle composait des albums, collant sur les pages en vélin le papier carbone bleu de ses billets d'avion, agrafant les menus du moindre établissement de quatrième catégorie où elle avait mangé une salade, citant les guides, conservant les prospectus, glissant ses Polaroid pastel sous des coins en calque transparent. Elle se rendit en Turquie, en Grèce, en Syrie, elle traversa l'Atlantique sur le paquebot *France*, où elle pose accoudée au bastingage, les cheveux ébouriffés par le vent du large; en Jordanie, elle eut un coup de foudre pour le temple de Pétra, dont elle avait, écrivait-elle dans un de ses albums, « effleuré la roche rouge du matin jusqu'au soir ». Mais son plus grand attachement resta pour l'Amérique du Sud. Elle avait gravi le sommet du Machu Picchu et en avait rapporté une admiration profonde pour la civilisation inca, nous incitant, mon frère Éric et moi, à nous rendre au plus vite au Pérou, qui nous plairait tant. Une carte postale gondolée par la pluie garde la trace de son engouement. J'ignore à qui elle est adressée : « Il faut absolument que tu ailles là-bas. J'ai eu du mal à monter jusqu'en haut, je manquais de souffle. Il y avait de la brume. Mais la brume s'est dissipée et nous avons vu les étages de pierre et la dent montagneuse qui les domine. » Trente ans plus tard, je n'ai toujours pas suivi son conseil et je ne connais pas le Pérou. Pourtant je rêve de ces « étages de pierre », et de la « dent montagneuse » qui dévore le ciel inca. Peut-être aussi que ce voyage en Amérique du Sud lui rappela ses origines familiales. Sa mère, mon arrière-grand-mère, pour laquelle Éric et moi avions une affection profonde, était la fille du marquis Boson de Persan (vous avez bien lu son prénom) et de Januaria Héloïse de Magalhan Araguaya, originaire du Brésil. Par commodité, nous l'appelions Yanyan. L'originalité, l'indépendance d'esprit, la fantaisie et la liberté folle de ma grand-mère maternelle, elle les tient de Yanyan. Pour avoir laissé un souvenir aussi fort à ses arrière-petits-enfants, elle devait avoir en elle quelque chose de singulier : au moment où je vous parle, ce quelque chose se résume pour moi à son porte-cigarettes, à sa voix rauque de fumeuse, à son long collier en sautoir et à ses yeux couleur café, qui riaient sans cesse. Cette ascendance brésilienne avait valu à ma grand-mère une invitation à déjeuner chez l'ambassadeur du Brésil à Paris, dont elle ressortit gênée comme la petite fille qu'elle demeura jusque dans ses derniers jours, y compris pendant sa brève hospitalisation à la Salpêtrière à quelques mois de sa disparition brutale, où, fulminant de se retrouver clouée au lit, elle boudait. En sortant de son déjeuner, elle dit à sa fille, ma mère : « Tu sais, j'ai pris un double whisky Perrier en apéritif et, pendant tout le déjeuner, je n'ai pas arrêté de me demander où se trouvaient les toilettes, mais sinon l'ambassadeur est un homme charmant. » Pour elle, il ne faisait aucun doute que la France était partout chez elle dans le monde. Elle estimait qu'un œil avisé pouvait retrouver, pourvu qu'il y mette de la bonne volonté, des traces de la France sur n'importe quel continent, parce que aucun continent ne saurait être étranger à la France. Jamais elle n'aurait imaginé une nation frileuse ou rétrécie. L'ambassadeur du Brésil, à défaut de lui indiquer les toilettes, lui ayant assuré qu'on pouvait retrouver, à Rio de Janeiro, des inscriptions en français sur les linteaux des maisons délabrées de la colline du Corcovado, et pourquoi pas certaines qui auraient trait à ses ancêtres, elle se mit en tête de partir immédiatement pour Rio. Seule la mort aurait pu l'empêcher de mener son projet à bien ; elle mourut. À l'occasion d'un passage à Rio pour la préparation du G20 agricole, je me mis en tête de chercher ces inscriptions. À mi-pente du Corcovado, je tombai sur une de ces villas en ruine, dévorée par une végétation luxuriante et peuplée de chats. Des enfants jouaient au foot dans la cour pavée, parmi les taches de soleil. J'eus beau scruter les pierres, évidemment je ne trouvai rien, aucune inscription, encore moins des inscriptions en français. L'ambassadeur avait dû jouer avec la crédulité de ma grand-mère, ou simplement vouloir lui faire plaisir. Mais elle avait raison : la France est partout dans le monde pour qui sait la voir, par sa langue, par son architecture, par sa science, par son histoire, par son art de vivre. Par conséquent le jour où vous serez loin de la France, avec un peu de volonté ou d'imagination, vous la retrouverez ailleurs, différente et entêtante, comme un parfum. Les prétendus patriotes (ils ont sans cesse ce mot à la bouche) qui veulent fermer à double tour les frontières de la France, la replier sur elle, comme on plie bagages, oublient que notre nation a grandi aussi hors de ses frontières ; que ses conquêtes ont fait sa grandeur ; que son universalisme a pu agacer, mais aussi forcer le respect. La France ne retrouvera pas ses racines en se coupant du monde : elle les retrouvera au contraire en renouant avec son esprit de conquête, qui voit le monde comme il est, ou comme il devient, ne le redoute pas, mais le comprend, ne le fuit pas, mais se donne les armes pour l'affronter. Les changements sont allés plus vite que prévu ? Certainement. Mais pourquoi renoncer ? Vous avez grandi en considérant la Chine comme une des grandes puissances du monde contemporain, à vos âges je connaissais à peine son existence, elle était une province immense, reculée, surpeuplée de paysans, dont il ne me serait jamais venu à l'idée d'apprendre la langue. À l'été 1976, prise d'une nouvelle frénésie de voyage, Isabelle projeta de se rendre en Chine. Nous rentrions tous les deux en voiture de Revel, elle me faisait part de son projet, qui me semblait aussi saugrenu que de partir en expédition pour le Kamchatka. Dans la montée qui conduit à Saint-Ferréol, à un tournant, nous croisâmes ma mère, qui nous faisait de grands signes de la main. Ma grand-mère gara la voiture sur le bas-côté et ouvrit sa fenêtre ; ma mère lui dit tout essoufflée : « Mao est mort ! » Ce jour-là je pris conscience de la Chine, et je compris qui était Mao. Votre rôle, dans les années qui viennent, ne sera pas de solder les atouts de la France, mais de les valoriser partout où ils sont présents et de les développer ailleurs. Nous devons faire en sorte que ce siècle nouveau, qui connaîtra en deux décennies plus de bouleversements technologiques, scientifiques ou humains que ce que vos grands-parents ont vécu en cinquante ans, profite à tous, et pas seulement à quelques-uns. Avec le monde ou contre le monde, solidaire ou isolée, voilà le choix devant lequel se trouve la France. Pour moi, la réponse est claire : la France a son rang dans le monde et doit le conserver. C'est une somme de progrès modestes qui nous fera avancer dans cette direction. Rue de Varenne, nous avons mis trois ans avec les producteurs de viande bovine pour structurer une filière d'exportation. Personne ne prétend que la viande bovine soit le fer de lance de nos exportations dans le monde, quoique la qualité de notre viande soit reconnue, et appréciée : mais en faisant ce choix, les producteurs rappelèrent que chacun a une responsabilité pour que la France reprenne sa place dans le monde, et lui permette de vivre mieux. Cette volonté de conquête, commerciale ou culturelle, politique ou scientifique, vous devez la garder en vous, quel que soit votre métier demain. Élargissez votre regard, ne méprisez jamais les nations qui ne sont pas la France, ne pensez pas un instant que qui que ce soit sur la planète suivra nos idées, si nous ne nous donnons pas les moyens économiques de les défendre. On noircit la mondialisation pour la discréditer : elle est un fait, pas une valeur. Et combien de continents naguère en proie à la misère ont amélioré le sort de leur population – pas toute, hélas, mais une partie seulement – en plongeant dans ce grand bain de la mondialisation ? Toutes les grandes nations d'Europe ont sauté le pas de la mondialisation, sauf la France. En souffrent-elles ? Quelle autre conquête offrir à nos enfants que celle des continents où la croissance se développe, où les idées naissent, où la richesse croît ? Quelle autre grande bataille à livrer que celle de la meilleure gouvernance de ce monde neuf ? Au 11, Downing Street, le ministre des Finances britannique est assis dans un canapé qui tourne le dos à une baie vitrée. Dehors, une bruine grisâtre enveloppe un jardin tarabiscoté, encastré entre des murs de brique. Il me sourit : « Je ne comprends pas pourquoi vous ne vous donnez pas les moyens de réussir comme les autres. Quand est-ce que vous ferez votre révolution mentale ? »

Un soir dans les années 80, un Président de la République déclara à la télévision : « La France est une puissance moyenne. » Sans doute voulait-il faire preuve de lucidité, on ne le lui reprochera pas, pourtant ces mots sonnaient faux, et continuent de sonner faux à mes oreilles. Enfoncé dans son fauteuil devant sa télévision, mon père eut ce jugement lapidaire : « On ne peut pas dire que la France soit vraiment une puissance, et elle ne sera jamais moyenne. » Pour la première et la dernière fois, je l'entendis critiquer ce Président qu'il tenait pourtant en très haute estime, pour son intelligence, et dont le départ, quoique maladroitement mis en scène par une chaise vide, le fit pleurer. Néanmoins mon père avait raison. Ne quittez pas cette France qui vous attend : en secret, elle reste grande. Ne quittez pas cette France qui a tous les moyens de réussir dans le monde comme il est. Opposez-vous à ces politiques qui depuis des années reculent devant les changements nécessaires et, proclamant leur volonté de résistance à la Chine, au Brésil, à tout ce qui devient grand et fort, proclament en fait leur impuissance. La vraie résistance est dans notre changement. La vraie résistance est dans la valorisation de nos atouts. La vraie résistance est dans la défense de notre place dans le monde.

III

Si vous deviez conserver une seule image de ma grand-mère, Isabelle, ce serait une photo noir et blanc, prise dans les années 30 : elle pose fièrement en combinaison d'aviateur, un casque en cuir sur la tête, devant un biplan prêt à décoller, sur un terrain d'aviation dont je suis incapable de retrouver le nom. Elle a son brevet de pilote, dans quelques instants elle tiendra le manche, cela a l'air de la réjouir ; elle arbore un large sourire, celui que je lui connais quand elle est au volant de sa Peugeot. Dans la grande bataille qui partageait en France les automobilistes, avant que les firmes étrangères ne grignotent de larges parts de marché, elle restait fidèle à la marque au lion, pour laquelle travaillait son mari Enguerrand, tandis que mon père, votre grand-père, avait choisi Citroën, la marque aux chevrons. Seul un de mes oncles roulait dans un modèle de la marque au losange, Renault, ce à quoi ma grand-mère se refusait, pour aucune autre raison sérieuse sinon, me dit-elle un jour, « que je ne me vois pas financer une firme dont les fondateurs ont collaboré pendant l'Occupation ». Elle aimait la mécanique ; elle aimait la vitesse ; elle aimait le progrès, et si la vie lui avait laissé une poignée d'années supplémentaires, elle aurait été fascinée par l'agilité avec laquelle vous déplacez vos doigts sur un écran, pour jouer, communiquer ou chercher dans un espace virtuel des informations bien réelles. Sur vos visages bleuis par la réverbération de l'écran, elle n'aurait pas lu un quelconque abêtissement ou le recul de la culture, mais la naissance d'un savoir nouveau. Ces ingénieurs aéronautiques qui conçoivent en France les machines les plus sophistiquées, elle aurait adoré discuter avec eux. Et elle aurait salué, avec moi, cet entrepreneur qui eut un jour l'idée géniale de réaliser en numérique des avions jusque-là taillés dans des maquettes en polyester ou en résine. Elle-même en possédait des modèles réduits, rangés dans une vitrine à l'abri de la poussière. Rien de ce qui était nouveau ne lui était étranger, malgré son âge. Que le virtuel puisse devenir un jour plus réel que le réel, elle le devinait, sans pourtant disposer de cet exemple que ce même entrepreneur me donna un jour, pour bien se faire comprendre (alors je sus que nous entrions effectivement dans une époque nouvelle, où notre intelligence créative serait un atout majeur) : « Si vous mettez à la disposition d'un ingénieur chinois un Airbus A340, il le désossera, pièce par pièce, mais il sera incapable de le reproduire parfaitement ; donnez-lui un plan en 3D, il vous construira le même avion. Vous voyez, le virtuel dépasse désormais le réel. » Son ancrage dans une tradition française ancienne donnait à votre arrière-grand-mère une force inouïe pour affronter les yeux grands ouverts, souvent pleins d'émerveillement, la modernité. Inspirez-vous de cette force, elle vous portera loin et vous évitera de devenir inquiets de tout. Cet ancrage, elle le tenait de sa famille qui avait encore, dans une aire géographique donnée, en gros la zone au sud de la ligne Bordeaux-Toulouse, des cousins partout, directs ou par alliance. Sur ce territoire familier, elle trouvait chaque fois que nécessaire un endroit où se loger, ne prévenant que peu de temps avant de sa venue, certaine que son oncle Jacques ou que sa tante Niquette seraient ravis de la surprise et de lui offrir une chambre pour la nuit. Le lendemain, à son départ, l'oncle Jacques ou la tante Niquette lui diraient : « Isabelle, quel dommage, la prochaine fois tu resteras plus longtemps ! » Certains que la prochaine fois, par politesse, par discrétion, pour ne pas abuser de leur hospitalité, son séjour serait toujours aussi bref. France des vieilles solidarités, qui attachait peu de prix à l'argent, beaucoup aux liens familiaux, et qui est aussi la mienne. La vie vous a épargné, comme à moi, contrairement aux membres de ma famille maternelle qui ont vécu en Algérie, le déracinement. Il existe d'autres déracinements que celui des origines : je pense à nombre d'amis qui, pour avoir choisi un mode de vie différent ou assumé leur homosexualité, ont vécu une expérience semblable, faite de rejet et de solitude. Mais quitter sa terre par obligation, se détacher de sa langue, de sa maison et des odeurs de sa maison, de sa nourriture, de la lumière qui vous a vu naître et qui est singulière à chaque latitude, qui peut mesurer le poids de ce déracinement ? Vous, si un jour vous partez de France, vous le ferez par choix. Je suis un enfant de la France ancienne, vous l'êtes aussi. Nous ne porterons jamais en nous la déchirure de ceux dont les ancêtres vivent ailleurs, sur l'autre rive de la Méditerranée, ou plus loin encore. Nous n'en sommes que plus responsables de la cohésion de notre nation, qui est mise à mal depuis des décennies par le communautarisme, le fondamentalisme religieux, la misère sociale et le défaut de perspectives. Nous devons avec d'autant plus de confiance inventer l'avenir de notre nation, plutôt que de verser dans la nostalgie. Dans certains coins de France, que vous ne connaissez pas, on étouffe. Dans certains quartiers de France, que vous ignorez, on enrage. Comment en sommes-nous arrivés là ? Comment la douce France est-elle devenue la France inquiète ? Vous qui portez un héritage dont vous devez être fiers, il vous appartient de faire une place à chacun. Ne renvoyez pas vos compatriotes à leur appartenance religieuse, vous ferez de leur religion une prison, qui génère la violence. Les millions de vos compatriotes d'origine étrangère qui se trouvent sur notre sol, et que la crise a enfermés dans le chômage, vous avez le devoir de leur faire une place à la hauteur des espérances que porte notre nation : la place que leur valent leurs mérites, pas la place à laquelle les condamnent leurs origines. Voyez la France comme elle se veut : à la hauteur de sa devise républicaine, qui par endroits part en lambeaux. Voyez les réussites de ces jeunes d'origine maghrébine, qui réclament seulement l'égalité, et non la discrimination, le respect, et non la méfiance. Ce sont des patriotes, qui combattent résolument un multiculturalisme qui les enferme dans leurs origines. Ne cédez pas aux caricatures qui décrivent un délitement de notre société, quand simplement elle se recompose. On assiste à des dérives communautaristes dans certains quartiers ? Je les vois. Je les condamne. Je mesure la menace qu'elles représentent pour notre nation. Mais elles ne doivent pas nous conduire à pointer du doigt, dans un réflexe brutal et collectif que nous serions incapables de reproduire face à une connaissance ou un ami, les millions de nos compatriotes musulmans. Ces dérives ont été la réponse inadéquate, parfois dangereuse, à des aspirations sociales étouffées, à la montée du chômage, à ces promesses de réussite scolaire sans lendemain. Certaines virent au rejet de la France et de ses principes. Toutes procèdent désormais de la faiblesse de notre culture. Réaffirmons notre culture, réaffirmons notre histoire, réaffirmons notre langue, elles sont des remparts contre la montée du radicalisme. Personne ne peut grandir sans racine, aucune racine ne prend sans culture. Voulons-nous laisser prospérer en France un fondamentalisme religieux hostile à notre nation ? Ou au contraire le combattre ? Notre culture, beaucoup plus que cette identité nationale que nous aurions du mal à définir, nous en donne les moyens. Sinon, de lendemain terne en lendemain terne, de renoncement en renoncement, viendra se greffer sur ces frustrations un radicalisme toujours plus puissant. Il prospérera, au su et au vu de tous, sans que ni les élus, ni la police, ni la justice, ni les associations ne puissent prévenir son développement. Ces forces interviennent ponctuellement, quand une ligne rouge a été franchie par rapport au droit. Mais que peuvent-elles contre la mise sous séquestre des esprits ? Jean Rottner, maire de Mulhouse, me montrait un jour une épicerie qui avait été rachetée par un centre cultuel fréquenté par de jeunes islamistes, la plupart convertis de fraîche date : « On va les surveiller, évidemment, mais moi, comme maire, je ne peux rien faire de plus : le centre est légal, je ne peux pas le fermer. » Qui aidera les Jean Rottner dans leur mission de maire ? Qui leur donnera les moyens de faire respecter nos valeurs ? Ma grand-mère ne suivait que de très loin ces questions, qui me taraudent, comme toutes les questions qui menacent notre unité nationale. La France était pour elle catholique et chrétienne, dans cet ordre, exclusivement et sans contestation possible. Les protestants ? Elle soupirait. Les juifs ? Elle faisait la moue. Les musulmans ? Elle les ignorait. Pourtant, inconsciemment, elle me donna la force de cette ouverture aux autres en me répétant sans cesse : « D'où tu viens, cela est tout à fait anodin. Fais du mieux possible avec ce que tu es. Et surtout : deviens ce que tu veux devenir, pas ce que les autres veulent que tu deviennes. » Gabriel García Márquez attribue une sentence toute différente à Jules César : « Il est impossible de ne pas finir tel que les autres vous voient. » Mais elle est sans doute de pure invention et ma grand-mère ne lisait pas García Márquez. Elle était généreuse ; elle était libre ; elle avait en elle quelque chose de ces aviateurs un peu fous qui partaient du Bourget ou de Biscarrosse dans des coucous improbables pour livrer le courrier en Amérique du Sud, ou par simple défi. Elle me citait leurs noms, avec une faiblesse compréhensible pour Roland Garros, qui avait effectué le premier, dans son cher Brésil, la traversée de la baie de Rio en avion. « Lui ! Tout de même ! Survoler le Pain de Sucre en avion, à cette époque, tu imagines ? » La dernière voiture qu'elle s'offrit (elle en changeait tous les ans) fut une Peugeot 205 Roland-Garros, dont les bandes ocre sur la sellerie intérieure rappelaient la terre battue du tournoi de tennis : étant donné son peu de goût pour ce sport, je veux y voir un hommage secret aux exploits de son bel aviateur, qui la faisaient tant rêver. Cette France du courage et du défi vit encore. Elle est la France silencieuse, obstinée, ingénieuse et farouchement indépendante que rien ne saurait arrêter : ni les complications administratives, ni les obstacles financiers, ni les impasses scientifiques, ni les avertissements des gens raisonnables. Il en existe mille exemples, dans tous les domaines, la science, la santé, l'architecture, le sport, l'agriculture. Lorsque le professeur Alain Carpentier expérimente en 2013 un cœur artificiel, après des années de recherche acharnée, il lui faut une audace comparable à celle de Mermoz jetant son avion dans un précipice pour redécoller de la cordillère des Andes, et la franchir, après un atterrissage forcé. Avec ce cœur, le professeur Carpentier ne risque pas sa vie, mais celle de son patient, dont le visage publié un matin dans le *JDD* reste pour moi un modèle de courage. Tous les calculs de la raison ne font pas moins de cette opération un pari contre la mort : il faut un peu de folie en soi pour risquer la vie des autres. Alexandre Carpentier, son fils, avec qui je suis lié depuis plus de trente ans, a la même inventivité mais dans une spécialité différente, la neurochirurgie. À l'hôpital de la Pitié-Salpêtrière, il tente de brûler les tumeurs du cerveau à l'aide d'un fil conducteur qu'il y introduit, sur le modèle, dit-il, des filaments d'un grille-pain : « C'est moins invasif que les procédés habituels et beaucoup plus efficace. » Étonnant comme dès qu'on touche à la chirurgie, notre corps, de siège de l'âme et des émotions, devient une simple machine, qui se découpe, se perce, se tranche et se nettoie. Alexandre a toujours eu une ingéniosité délirante en lui, qui le fait sortir des sentiers battus et, par conséquent, trouver ce que les autres, plus sages, ne trouveront pas. À vingt ans, nous partions régulièrement en vacances ensemble, à la montagne, aux Carroz, ou en Normandie ; pendant que je lisais sur mon lit (à peu près dans ma grande période Faulkner), lui dessinait des instruments chirurgicaux pour atteindre sans dommage des zones du cerveau réputées inaccessibles. Il ne me proposa jamais de les essayer sur moi, mais il en aurait été capable. En plus de son ingéniosité, il se découvrit très tôt une habileté dans les doigts, qui le fit préférer la chirurgie à une autre spécialité, moins manuelle. Un week-end, je le vis nouer en un tournemain la ficelle orange d'un sac-poubelle avec laquelle je me battais depuis cinq minutes. Le sac tendu au bout du bras, comme un butin, il se retourna vers moi : « Toi, tu ne seras jamais chirurgien. » Puis me montrant le bout de ses doigts : « Tu vois, pour être chirurgien, il faut de la pulpe, là, pour tenir les instruments avec précision. » Et il éclata de rire. Combien de jeunes compatriotes à peine plus âgés que vous qui, chacun dans leur domaine, ont ce talent, cette créativité, cette rigueur et surtout cette inventivité qui font la force de notre intelligence ? Combien partent écœurés par le peu de cas qui est fait de leur création ? Combien se disent révoltés par le poids des charges qui leur sont imposées, par les règles fiscales qui changent au gré des humeurs de la majorité et des nécessités budgétaires du moment ? Quelle énergie nous perdons pour la France en laissant partir ces talents ! Il faudrait si peu pour les retenir : de la stabilité dans les règles, du soutien financier à leurs débuts, la valorisation du risque, la possibilité de réinvestir librement dans une autre aventure, sans se faire ponctionner au passage plus de la moitié du fruit de leur travail.

Quand je fus reçu à mon agrégation de lettres modernes, mon père eut pour seule réaction, qui traduisait sa profonde inquiétude de me voir poursuivre mes projets littéraires : « Ah ! Tu vas enfin pouvoir passer l'ÉNA ! » Ma grand-mère eut la même réaction de dépit, lorsque je lui annonçai ma décision de passer le concours de l'ÉNA, auquel tenait tant mon père : « Mais mon pauvre petit, tu vas terriblement t'ennuyer à l'ÉNA ! Ce n'est pas fait du tout pour toi cette école ! Je ne te vois pas du tout dans l'administration, tu vas y être malheureux comme une pierre. » En réalité, contrairement à ce que pensait mon père, je fus heureux comme maître de conférences à Lyon II : les bâtiments préfabriqués dans lesquels je donnais cours résonnaient terriblement, le bruit de la route nationale voisine couvrait ma voix, mes étudiants étaient là moins par choix que parce que des places étaient encore disponibles ; mais entendre une jeune fille de dix-neuf ans, fan des textes de Céline Dion (dont elle jugeait incompréhensible qu'ils ne soient pas au programme de la première année de licence), déclarer après un an de cours : « Cet été, je vais lire Proust » était la plus belle des récompenses. Ensuite, contrairement à ce que pensait votre arrière-grand-mère, je fus tout aussi heureux comme diplomate. Pourtant, vingt ans plus tard, je donnai raison à son intuition en remettant à Laurent Fabius, ministre des Affaires étrangères, ma démission de la fonction publique. La semaine précédente, j'avais rencontré des ouvriers de l'usine de raffinage de Grand-Couronne, près de Rouen. Depuis des mois, la rumeur de la fermeture du site courait dans la région, aucun repreneur crédible ne se présentait, la messe était dite. Plutôt que de les bercer de belles illusions, j'avais décidé de tenir aux représentants syndicaux un langage de vérité. Dans la salle de réunion, aux murs tapissés d'affiches de la CGT, certaines très anciennes, réalisées au pochoir, je commençais mon discours : « Vous devez changer. Votre activité a peu d'avenir en France. Mieux vaut passer à autre chose. Les repreneurs dont le gouvernement vous parle ne viendront pas. » Silence pesant. Un des ouvriers, appuyé contre le chambranle de la porte, le casque de chantier encore sur la tête, me lança : « Et, vous, monsieur le Député, vous allez changer aussi ? Parce que, c'est bien gentil de nous demander de prendre des risques, mais vous, qu'est-ce que vous avez pris comme risque dans votre vie ? Vous êtes député, non ? Vous êtes fonctionnaire aussi ? C'est tranquille : même quand vous perdez, vous perdez rien. » En rentrant à Paris, je décidai de quitter définitivement la haute fonction publique et de prendre les risques que cet ouvrier de Grand-Couronne, lui, était bien obligé de prendre, alors qu'il se trouvait dans une situation infiniment plus précaire que la mienne. En fait, la liberté de la politique me convient davantage. Et comment être libre en politique en restant haut fonctionnaire ? Comment accepter ce mélange des genres propre à notre pays, qui voit des hauts fonctionnaires se faire élire puis retrouver leur poste dans la haute fonction publique, des élus accepter la mainmise des hauts fonctionnaires sur les postes de cabinet, et en définitive la haute fonction publique toujours gouverner la France ? Parmi les multiples raisons qui peuvent expliquer la crise morale que traverse notre pays, il en existe une très simple : la France protège les plus forts et laisse les plus faibles se débrouiller seuls, ou presque. Elle donne un emploi à vie et une carrière sans encombre aux meilleurs, à ceux qui ont réussi les concours administratifs les plus difficiles, sans accompagner les moins qualifiés dans les épreuves que le marché du travail, en mutation permanente, leur réservera. Comment réussir le changement quand tout est immobile au sommet ? Au lendemain de la guerre, la France se reposa sur ses ingénieurs et ses technocrates pour se reconstruire : ce temps est révolu. Pendant trois décennies, la France confia son destin à des intelligences dont la force était de se ressembler : ce temps est révolu. La France a toujours besoin de ses hauts fonctionnaires, mais indépendants et au service exclusif de la haute fonction publique. De nouveaux talents percent partout en France, ils doivent percer aussi en politique. La mondialisation valorise de nouvelles intelligences, dont nous disposons à foison, alors pourquoi les brider ? Pourquoi ne pas leur faire leur place dans notre vie politique ? Une page de cinquante ans de vie politique est en train de se tourner, une nouvelle page est à écrire. À la place des titres, nous mettrons ensemble les talents. À la place du cumul des fonctions, nous mettrons plus de responsabilité pour les mandats nationaux. À la place des charges, nous mettrons le mérite. À la place des discours, nous mettrons les résultats.

IV

Pierre est un autre ami dont je voudrais réveiller la mémoire, pour vous. Nous sommes entrés la même année à l'École normale supérieure, en 1989, en section littéraire. Il était boursier, mes parents subvenaient à mes besoins. Mon père n'avait pas encore investi son enthousiasme et sa modeste fortune dans Eurotunnel, avec la ferme conviction qu'un projet de cette ampleur – « historique », disait votre grand-père – ne pouvait être que rentable sur le long terme. À long terme, hélas, il mourut, laissant derrière lui un capital réduit en cendres par la chute du cours de ses actions. Si je suis un héritier par la culture, je ne le suis pas par l'argent. Pierre et moi étions tous les deux pensionnaires. Le soir, nous nous retrouvions pour préparer notre agrégation, soit dans sa thurne (couloir rouge, whisky à volonté), soit dans la mienne (couloir jaune, vin à volonté). Les fables de La Fontaine figuraient au programme ; nous les récitions, avec une prédilection pour *Le loup et le chien*, dont les deux premiers vers font un bon résumé du pouvoir et de ses effets : « Un loup n'avait que les os sur la peau / Tant les chiens faisaient bonne garde. » Pierre ressemblait au loup de la fable. Sa maigreur était effrayante. On aurait pu compter les vertèbres de son épine dorsale à travers son chandail quand il marchait, lentement, le dos précocement voûté. En fait, il ne marchait pas ; il glissait sur le sol, comme chaussé de pantoufles à toute heure du jour et de la nuit. Il entrait dans une pièce, il parlait, tous les regards se tournaient vers lui pour entendre sa voix si faible dont les mots sonnaient si juste, il se taisait, on oubliait sa présence. Son front et ses joues émaciées disparaissaient sous une tignasse à la Jackson Five. Des lunettes en écaille que Sophia Loren n'aurait pas reniées, tant leur monture était large, faisaient une vitrine pleine de reflets à ses pupilles, sombres et vives. Il prenait ses notes avec une extrême méticulosité. Ses cahiers étaient des modèles de propreté, les citations importantes surlignées en rouge, les auteurs en bleu, les paragraphes rangés en cubes parfaits, les titres centrés au millimètre. En cours, je l'observais du coin de l'œil, le visage penché à deux ou trois centimètres de son cahier Clairefontaine pour tirer un trait avec sa règle, le coin de ses lunettes frôlant la page, la pointe de sa langue sortie. Parfois, je me moquais de ses manies, il me répondait : « D'abord, tu es bien content de trouver mes cahiers quand tu as séché les cours. » Il ajoutait, avec ce sourire ironique et effaré qui ne quittait pour ainsi dire jamais ses lèvres : « Et puis je suis un homme d'ordre ; j'ai toujours eu un faible pour la période nazie. Ah ! Les nazis ! Quand même, il faut reconnaître, ils avaient le sens de l'ordre ! » Pierre était juif. Des membres de sa famille avaient été déportés, dans des conditions dont il ne me parla jamais. Dans quels camps avaient-ils été internés ? Étaient-ils morts ? Avaient-ils survécu ? Il refusa de me le dire. Il était juif et athée. Le petit catholique que j'étais, élevé dans un collège jésuite pendant douze ans, n'avait jamais eu un ami d'une autre confession religieuse que la sienne ; il fut le premier. Il me dit avoir eu à souffrir de ses origines juives, ce qui, en France, me semblait appartenir à une époque révolue. J'avais tort : le pire revient toujours vite, sous des déguisements divers. Lui qui aurait été incapable de faire du mal à une mouche, je l'imaginais subir ce genre d'attaques sans essayer de résister, fixant avec étonnement leur auteur à travers ses carreaux à reflets, comme on fixe un fou. Le week-end, il rentrait chez ses parents à Lyon. Il me décrivait par le menu les règles religieuses auxquelles il allait devoir se soumettre, avec une précision, un sens du détail qui les rendaient comiques et provoquaient chez nous deux un rire irrépressible. Les règles concernant les appareils électriques le fascinaient tout particulièrement. Pourtant, à la moindre critique de ma part, son visage se fermait et il décrétait : « Toi, le goy, tu ne peux pas comprendre. » Pendant les trois années que nous avons passées ensemble à Normale sup, de 1989 à 1992, il a fait beaucoup plus que de me dévoiler une culture différente de la mienne, il a versé en moi une partie de son esprit ; il a orienté mon attention vers des choses, des lieux, des rites, une mémoire devant lesquels, sans lui, je serais passé sans un regard. À Venise, où nous nous étions rendus avec un groupe de chercheurs en histoire, il insista pour sillonner une matinée entière le Ghetto, alors que je brûlais, pour ce premier séjour (des dizaines devaient suivre avec Pauline, votre mère, qui ont effacé ces heures pénibles avec des chercheurs barbus capables de s'extasier devant la plus modeste trace étrusque dans les îles de la lagune, mais insensibles au plaisir d'un verre de vin blanc au soleil), de découvrir le palais des Doges, le pont des Soupirs, la place Saint-Marc et ses pigeons. Il portait en lui des souffrances que je ne ressentais pas. Il était disert, mais obstinément secret. Savoir que des membres de sa famille avaient été déportés, même si ces personnes se résumaient pour lui à des photos et à des récits de leurs proches, il ne parvenait pas à l'oublier, il avait décidé de ne pas l'oublier. Il était juif, je suis catholique. Il venait d'un milieu modeste, qu'il décrivait avec humour comme « de tout petits commerçants, mais pas des diamantaires, tous les juifs ne sont pas des diamantaires, hélas pour moi ! », je venais des beaux quartiers de Paris. Petits commerçants, par la suite, je me suis demandé si cela correspondait vraiment à la profession de ses parents ; il avait l'art de dissimuler derrière son humour des réalités plus sombres, ou simplement plus ordinaires. En tout cas, lui savait que mon père, votre grand-père, était issu de la bourgeoisie du Nord, et ma mère, votre grand-mère, de la vieille aristocratie du Sud-Ouest. Mes deux grands-parents, vos arrière-grands-parents, avaient combattu sur le front, mais jamais personne de notre famille n'a été menacé de poursuite, à raison de son origine ou de sa religion. Pourtant nous étions amis. Nous partagions le même goût de la France. Nous apprenions les mêmes textes du XVIIIe siècle, dont la cruauté le faisait rire aux larmes. Son mémoire sur le cardinal de Retz fait encore référence. Il le jugeait mille fois supérieur à Saint-Simon, que je lisais avec ferveur, encore aujourd'hui. « Ton Saint-Simon ne vaut rien à côté de mon cardinal. Il a peut-être plus de style, mais il a moins de profondeur. » À l'appui de sa démonstration, il me sortait des dizaines de citations, dont celle-ci, qui lui fournissait sans doute une explication non seulement aux persécutions dont sa famille avait été l'objet, mais surtout à son apathie face aux événements et à sa confiance aveugle dans les institutions de la République : « Les hommes ne croient jamais les autres capables de ce qu'ils ne sont pas capables de faire eux-mêmes. » Nos discussions pouvaient être animées, elles restaient toujours respectueuses, parce qu'elles se déroulaient à l'abri du principe de laïcité, que nous portions en nous sans le savoir, ou sans éprouver le besoin de le défendre. Peut-être une culture nationale est-elle d'abord cela : ce que nous ne savons pas que nous sommes, mais que nous serions prêts à défendre à tout prix. Tout pouvait être sujet à controverse, sauf ce principe. Nos religions étaient différentes, mais nous admettions la légitimité de chacune en France et nous reconnaissions que leur place était dans la sphère privée, certainement pas dans la sphère publique.

Comment, collectivement, en sommes-nous arrivés deux décennies plus tard à une telle remise en cause de la laïcité dans notre pays ? Quelle faiblesse nous a amenés à transiger avec un des piliers de notre identité nationale ? Est-ce la mondialisation et la diffusion à très vaste échelle de cultures différentes ? Ou bien avons-nous manqué de courage ? Et dans ce cas, quel courage exactement nous a manqué ? Car des lois ont été adoptées : sur le port du voile par exemple. Des décisions courageuses sont prises chaque jour par des enseignants confrontés à des provocations vestimentaires ou verbales. On ne peut pas dire que rien ne soit fait contre le communautarisme et pourtant le communautarisme existe. À Évreux, à Nantua, à Clermont-Ferrand comme à Montfermeil, dans les quartiers comme dans les petites villes ou les grandes agglomérations, il est une réalité et un remords de la France contemporaine. Ne pensez donc pas que la laïcité soit une idée du passé, elle reste une idée pour demain, pourvu que nous sachions lui redonner un sens. La laïcité seule ne suffit pas. Elle sonnera creux, si elle ne résonne pas avec une nouvelle fierté nationale. Elle sonnera faux, si elle ne se traduit pas par des décisions fortes en matière de respect des lois républicaines et des us et coutumes de notre nation. Elle sera vaine, si elle est proclamée par des élites qui ne savent pas ouvrir les voies de la réussite à chacun, quelle que soit son origine, quelle que soit sa religion. Le premier terreau du communautarisme, ce sont les discriminations, qui signifient : « Nous ne voulons pas de vous. » Le premier ferment du repli sur soi, ce sont les portes qui se ferment, les agents publics qui ne peuvent plus faire correctement leur travail, les entreprises qui ne recrutent pas. Laïcité et intégration : deux faces du même problème. Si deux décennies plus tard nous en sommes arrivés là, nous le devons à ce cocktail explosif qui a été lancé au cœur de notre nation – un tiers de décolonisation, un tiers de crise économique, un tiers de radicalisation islamiste dans le monde –, pouvant déformer le regard que nous portons sur nos compatriotes musulmans. 1962, 1973 et le 11 septembre 2001 sont trois étapes du malaise avec lequel nous vivons désormais. À vous, je dois garantir la même sérénité dans vos discussions que celle que je pouvais avoir avec mon ami Pierre au début des années 90. Admettons donc que la meilleure intégration se fera par la réussite professionnelle des enfants immigrés : une nation se rassemble dans le succès et se divise dans ses échecs. Défendons le respect de ces musulmans qui pratiquent sereinement leur religion en France et veulent avant tout le succès de leurs enfants. Les dérives extrémistes en revanche, les endoctrinements, ces simulacres de piété qui procèdent de la haine, et qui sont si souvent le fait de ressortissants nationaux sans aucune racine religieuse, combattons-les sans relâche. Les attaques contre la France de la part de ressortissants qui, tout en vivant en France, la rejette, ne les laissons jamais passer, aucune, nulle part.

À Lourdes, pendant la campagne municipale de 2014, après la visite d'une structure hospitalière tenue par des sœurs, je déjeunai avec des militants. Le président de la fédération m'avait placé entre deux conseillères en charge des questions sociales, face à un jeune champion de boxe thaï, de confession musulmane, qui engloutissait son plat de pâtes sans craindre pour sa ligne affûtée. Nous le harcelions de questions sur la place des musulmans en France. Il semblait surpris par nos interrogations. Il finit de saucer son plat, puis il nous dit, sur un ton très calme : « Vous savez, je n'ai pas de meilleures réponses que vous. Moi, je suis champion de boxe ; tout ce qui compte pour moi, c'est de gagner mon prochain combat. Pour le reste, je pratique ma religion tranquillement et ça ne regarde personne, non ? »

V

Vous ne connaîtrez jamais Pierre, qui mit fin à ses jours peu de temps après avoir passé avec succès son agrégation de lettres. Un soir, il m'avait pourtant longuement expliqué que la loi juive lui interdisait le suicide, ce qui, avait-il ajouté avec une ironie mordante, « n'est franchement pas très pratique, quand on y réfléchit bien ». Il avait précisé, en redressant ses lourdes lunettes qui glissaient sur son nez : « Tu comprends, si je me tue, je tue l'univers tout entier. » Il avait haussé ses épaules osseuses sous son éternel pull en laine rouge, achevant sa phrase dans un souffle : « dit-on ». Pierre m'aura aidé à sortir de mes certitudes, sans jamais les mépriser ou les abîmer; il aura été une étape importante dans ma compréhension de la diversité des mémoires françaises, qui ne tiennent ensemble en définitive que par nos valeurs nationales. Lesquelles ? Le respect de notre histoire commune, la puissance de la raison, la valeur de la culture, la force de la loi, la séparation du politique et du religieux, la confiance dans un avenir meilleur pour ses enfants. Si bien que lorsque ces valeurs sont bafouées, ou si vous les oubliez, si vous les méprisez, si vous les tenez pour quantité négligeable, non seulement vous vous abîmez vous-même, mais vous abîmez votre pays. Une de nos dernières discussions avec Pierre eut lieu dans un café de Montrouge. Il travaillait à son mémoire sur le cardinal de Retz. Sa tignasse penchée sur son café, il me parla à nouveau de religion. « Tu comprends, je suis juif et athée, athée et juif, les deux à la fois, et tout cela ne fait pas très bon ménage. » Sa voix commençait à devenir inaudible. Lors de notre toute dernière rencontre, un mois de novembre, sur le parvis glacial de la Part-Dieu, je parvins à saisir à peine quelques-unes des phrases qui sortaient avec une lenteur pâteuse de sa bouche. Assis à côté de lui, je le voyais se recroqueviller dans le silence, le visage égaré, les jointures de ses doigts blanchies par le froid, qui agrippaient les lames de bois vernis du banc. En dépit de ma bonne volonté, je ne pouvais rien faire d'autre que l'encourager à tenir bon (ce qui intérieurement devait le faire sourire, si jamais ces paroles pouvaient encore descendre en lui, ce dont je doute), tendre l'oreille pour essayer d'attraper au vol des bribes de sa voix, hocher gravement la tête. Il était déjà loin. À Montrouge en revanche, il s'exprima longuement. Comme je lui avais dit que j'envisageais une carrière politique, il voulut me faire comprendre combien la religion avait été un facteur de discorde dans notre pays, et pourquoi. Je me souviens de ses paroles presque au mot près, elles gardent toute leur pertinence à mes yeux, sans doute parce que plus tard, à l'occasion d'une visite de François Mitterrand à l'École normale supérieure, le 21 septembre 1994, elles s'incarnèrent dans les traits tirés mais souverains du Président de la République. Donc, à Montrouge, Pierre me dit, en avalant café sur café : « Pour saisir la laïcité, il ne faut pas s'arrêter à la loi de 1905, il faut remonter beaucoup plus loin. Quand on me dit : "L'islam n'est pas compatible avec les valeurs de la République", moi, le petit juif, je dis qu'on peut toujours s'amuser avec des formules de ce genre, mais je dis surtout qu'on a prétendu exactement la même chose pour nous, les juifs, pendant des années, et avant, pour les protestants. Après la Saint-Barthélemy, les catholiques les plus fervents ont voulu décréter que le pouvoir politique appartenait à Dieu et exclusivement à Dieu. Les ligueurs, tu connais les ligueurs ? » Dans un bar à Montrouge, non, les ligueurs ne me disaient pas grand-chose. Sur ce sujet comme sur d'autres, Pierre était infiniment plus instruit que moi. « Eh bien, pour les ligueurs, la religion catholique et la politique, c'était une seule et même chose, les deux faces de la médaille du pouvoir. Tu comprends ? Seulement ils ont échoué. Ils voulaient renforcer leur religion, ils ont renforcé le roi ; ils voulaient un souverain très catholique, ils ont eu Henri IV, qui n'a eu qu'à abjurer sa foi pour prendre le trône. Pour moi, les ligueurs sont à l'origine des deux traits les plus caractéristiques de la politique française : la monarchie absolue et la séparation de la politique et de la religion. N'essaie jamais de revenir là-dessus, c'est le seul conseil que je te donne. » Fin de sa démonstration. Quand François Mitterrand, si minuscule et si resplendissant dans le hall de l'École normale, glissa quelques mots sur le temple de la République et de la laïcité, il était alors à lui seul le pouvoir, et il ne dit pas autre chose. Il avait du reste une conception absolument française de son autorité, ne reniant rien de sa formation dans une école catholique, autorisant une messe à son décès, reculant devant les manifestations de 1984 (auxquelles je participai sans bien comprendre les enjeux, sinon que mes parents en avaient fait, selon leur expression, un *casus belli* avec la majorité en place) tout en affirmant haut et fort que le principe de laïcité n'était pas négociable. À Rome, monseigneur Tauran me confirma que François Mitterrand, de tous les présidents de la République qu'il avait pu rencontrer, avait toujours été le plus attentif au rang des ecclésiastiques français dans la hiérarchie du Vatican. Après l'élection de Jean-Paul II, il s'enquit de la composition de la nouvelle Curie, précisant à son interlocuteur, monseigneur Tauran donc : « Parce que voyez-vous, Éminence, quoique socialiste, je n'imagine pas la nouvelle Curie, et vous non plus certainement, sans un cardinal français. » Les paroles de Pierre continuent de me réconforter doublement. Elles me permettent de me dire républicain et catholique, catholique et républicain. Républicain de conviction, catholique de naissance, mais de foi ? Longtemps ma foi a été vive : je ne manquais aucune messe du dimanche, je participais à des retraites, j'animais des pèlerinages, quoique ma contribution fût essentiellement d'ordre touristique, plus que spirituelle. Il m'aurait semblé inconcevable (alors que vous, qui avez reçu une éducation similaire, vous le concevez très bien) de manquer une cérémonie de

Pâques, du 15-Août ou de Noël. En partie par sens du devoir, en partie aussi parce que déjà nous passions ces moments en famille au Pays basque, et que, accoudé en surplomb du chœur à la rambarde des galeries de bois, qui font de ces églises des navires renversés, je me trouvais au spectacle, emporté par les chants puissants en langue régionale dont je comprenais un mot sur dix. Il ne me manque aucun sacrement catholique, sauf le dernier : je ne suis pas pressé de le recevoir. Puis, brutalement, ma foi a perdu de sa vivacité. Est-elle encore vivante ? S'est-elle dissoute ou seulement diluée dans les expériences qui se sont succédé depuis mes premiers sacrements ? Des malheurs ordinaires, comme la disparition de Pierre, ou celle de ma grand-mère, ou la maladie de mon père, ont altéré mon espérance du lendemain. Ajoutez, pendant les six mois que je passai en Croatie en 1995, les souffrances de ces enfants réfugiés près de Vukovar, qui me tendaient la main, pour quoi ? Pour une pièce qui ne leur aurait servi à rien dans leur camp de réfugiés ? Pour jouer ? Rien, pas même un dieu lointain, ne pouvait justifier que ces enfants aient un avenir aussi étroit, quand le mien était aussi vaste. Ajoutez encore les confrontations politiques, comme les deux années de crise diplomatique durant la guerre en Irak, la flambée des banlieues en 2005, la détresse des producteurs de lait en 2009, le combat pour le maintien de l'aide européenne aux plus démunis. Mises bout à bout, ces épreuves ont relégué très loin mes certitudes mais renforcé mes engagements. La nécessité pour la France de défendre le droit international, de se battre sans relâche au niveau européen pour affirmer nos intérêts et notre vision de ce continent, le désir de toujours défendre notre unité nationale et de se garder des mots qui blessent sans rien résoudre, la volonté de décider fort mais de parler juste, je les tiens de dix années de vie politique. Plus je gagnais en conviction, plus je perdais en certitude. Le doute est salutaire avant de décider, il évite les choix hasardeux, les remords, il permet de tenir bon face à la contestation. Dans la vie publique, je ne classe pas les gens, élus ou non, suivant leur étiquette partisane : je m'entends avec ceux qui ont assez de force en eux pour admettre leurs interrogations, et par conséquent le dialogue. Les idéologues me lassent. Pour avoir une conversation avec un autre, mieux vaut avoir aussi une conversation avec soi. En définitive, je tiens certains de mes principes politiques moins de ma religion de naissance que de mon éducation chez les jésuites, pour qui le discernement reste la première des vertus. Pas de discernement sans le doute, pas de doute sinon pour se forger des convictions. Le « qui suis-je pour juger ? » du pape François a ceci de puissant : il libère sans renier. Si je pratique peu la religion, je continue de lire ses textes, après tout la plupart disent mieux que je ne pourrais le faire mes préoccupations, par exemple sur la France : « Si un royaume est divisé contre lui-même, il est impossible que ce royaume subsiste ; et si une maison est divisée contre elle-même, il est impossible que cette maison subsiste. » (Évangile selon saint Marc, III, 24-25.) Le caractère sacré de ces paroles me fascine peu, leur ancienneté, qui n'a rien retiré à leur pertinence, beaucoup. Un conseiller en communication me dit un jour :

« Deux règles à vous mettre en tête : l'image domine tout ; une actualité chasse l'autre. » Comme il me trouvait peu attentif, il répéta, debout devant moi, les doigts en faisceaux, le regard éclipsé par le brillant de ses montures de lunettes en bakélite noire : « Deux règles : l'image, l'actualité. » En morse, il ne m'aurait pas davantage convaincu. Depuis, je continue à écrire et à prendre régulièrement du champ par rapport à l'actualité, exercice difficile pour un responsable politique, car l'actualité vous submerge et elle vous assèche à la fois : elle est comme une eau qui donnerait soif. Cette discipline, que je vous recommande si un jour vous décidez de vous engager en politique, a le mérite de vous préserver et vous évitera de prendre des vessies pour des lanternes, du vieux pour du neuf. En plein scandale des écoutes téléphoniques, un universitaire me fit passer un discours d'Henri IV, encore lui, le 7 janvier 1599, devant les parlementaires qui osaient lui tenir tête : « Vous avez beau faire, je sais tout ce que vous faites, je sais tout ce que vous dites. J'ai un petit démon qui me le révèle. » Le « petit démon » me réjouit tout particulièrement ; il a plus de charme que les écoutes des juges ou de la DST. Pouvoir et savoir, couple infernal depuis la nuit des temps, dont il est préférable que le droit définisse les prérogatives respectives, avec le plus de précision possible. Mais je vois une autre raison pour laquelle les paroles de Pierre me réconfortent encore : son habileté à tirer des leçons du passé de la France me permet de croire encore à notre nation, avec une foi pour le coup inébranlable. Ce qui pourrait se résumer très simplement par cette formule :

la France en a vu d'autres. Comme chacun, comme vous, comme vos amis, je mesure la puissance des forces de division qui travaillent nos territoires. J'entends ces questions sur notre identité malheureuse. Personne ne peut nier que la mondialisation a rendu en grande partie obsolète le fonctionnement actuel de notre modèle étatique, que l'immigration mal contrôlée met à l'épreuve notre système social, que l'émergence de l'islam comme deuxième religion en France représente un défi pour notre pays, si attaché à la stricte séparation de ce qui revient à César et de ce qui revient à Dieu. Et ensuite ? Nous allons rester les bras croisés et nous lamenter sur notre sort ? Ou nous allons nous servir de la profondeur de notre histoire pour reconquérir notre avenir ? Si nous voulons retrouver une identité heureuse, il est temps de nous réapproprier notre passé. Nous, Français, nous vivons un moment charnière dans notre histoire, nous ne vivons pas sa fin. Quels que soient les efforts qui nous attendent, qui ne sont pas seulement budgétaires et financiers, mais aussi éducatifs, de compréhension de ce que nous sommes, de respect des nouveaux arrivants que nous aurons choisis, nous avons en nous la force de les accomplir. Inspirons-nous des bonnes pratiques de nos voisins européens, mais ne cherchons pas de modèle ailleurs, le nôtre est le bon, pourvu que nous sachions le faire évoluer en profondeur. Ce même conseiller en communication, décidément peu persuasif, me recommanda de sortir du bois : « Il faut vous différencier. Au lieu de défendre à tout prix les vieilles lunes de la laïcité, vous devriez admettre que le communautarisme a gagné. » Il retira ses lunettes en bakélite noire pour en mordre une branche : « Là, vous frappez un grand coup ! » Admettons que je préfère ne pas frapper de grand coup. Le communautarisme ne gagnera pas, parce que le communautarisme est la négation de plusieurs siècles de notre histoire. La laïcité fait de chacun de nous en France un homme divisé : homme public, homme privé, homme des convictions et homme des certitudes intimes. Comme il existait deux corps du roi, le mortel et celui dont la dignité passait la mort, il existe deux corps du citoyen. Montaigne faisait du Français un « homme dissocié » : il avait raison. Avec cette dissociation qui fait depuis si longtemps notre singularité nationale, nous saurons retrouver notre unité. Jetez-la aux oubliettes, vous aurez une France en morceaux, qui ne cessera de souffrir de sa division nationale, pour avoir refusé de maintenir la division propre à chacun. Montaigne avait raison et Pierre aussi.

VI

Vous me direz, avec cet air étonné qui subitement saisit vos visages, pour disparaître aussitôt, que tout ne va pas si mal. C'est vrai : le miracle est que la France tienne encore. Ébranlée dans ses certitudes par la mondialisation libérale, mise au défi par des puissances nouvelles qui se soucient assez peu de ce que notre société peut devenir, appauvrie par la crise, distancée par l'Allemagne, critiquée pour son refus de faire table rase de son passé, elle aurait pu s'effondrer ; elle résiste. Qui résiste exactement ? Ce sont moins des pouvoirs publics largement dépassés par ce qui nous arrive, souvent incapables de prendre les décisions qui s'imposent – sur les retraites, sur l'indemnisation du chômage, sur notre école, sur le droit du travail –, que les Français. Longtemps la France a tenu par son État ; elle tient désormais par son peuple. Ne quittez pas la France. Prenez au contraire pour modèles tous ceux dont je vous parle parfois, que j'ai rencontrés dans mes déplacements, et dont vous écoutez l'histoire d'une oreille distraite en vous plaignant d'avoir pour père un homme politique (ce que je comprends, tant la politique vous prive de lui). Partout sur nos territoires, je vois des entrepreneurs qui se battent pour défendre leurs salariés, à mille lieues de l'image que certains leur font de patrons préoccupés par leur seul profit. Ces entrepreneurs, je pourrais vous en citer des dizaines : les industriels du décolletage dans la vallée de l'Arve, qui m'expliquèrent un jour en détail comment ils se regroupaient pour gagner en compétitivité et enrayer la fuite de leurs meilleurs ingénieurs vers la Suisse : « Vous comprenez, ils gagnent 30 % de plus, et les impôts sont moins élevés, pas facile dans ces conditions de les retenir, non ? » ; ce tisserand du Nord, un des derniers en activité, confronté à la complexité de la directive REACH sur la restriction d'emploi des produits chimiques, à laquelle aucun de ses concurrents, turcs ou indiens, n'est soumis ; Olivier Monin, président de la société des sirops Monin, à Bourges, dans le Cher, qui me fit goûter quelques-uns de ses nouveaux parfums, dont un sirop à l'hibiscus, « qui marche très fort en Amérique du Sud » ; Roger Pellenc, spécialiste du machinisme agricole à Pertuis, en Vaucluse, dont un des employés arracha un bout de tôle du hall de montage avec un nouvel enjambeur, juché sur des roues de trois mètres de diamètre (la faute au conducteur, pas à la machine, qui pivote sur elle-même et se vend très bien en Australie et en Californie) ; et cette femme qui a repris une usine de cosmétique à Châteauroux et sauvé plus de trente emplois, en misant sur des crèmes de luxe : « Je prends les meilleurs ingrédients. Pour la rose, par exemple, je prends une huile essentielle qui vient d'Ispahan, en Iran » ; et ce fabricant de gousses de vanille sous vide à la frontière de la Picardie, qui me parla pendant de longues minutes de la vanille Bourbon, éveillant en moi des images de lagons, de barrière de corail, de floraison noire et pendante sur les pentes brûlantes de La Réunion, tandis qu'une pluie diluvienne tambourinait contre les vitres de son bureau ; et ce quincaillier en gros, capable de retrouver en moins de deux minutes une vis de cinq millimètres de diamètre dans ses rayons informatisés ; et ce fabricant de nougat à Montélimar, qui me fit doser le sucre et les amandes dans un chaudron de cuivre, avec ses deux fils. Chacun a ses difficultés, chacun se bat, tous disent la même chose : nous sommes au bord de la rupture. « Les règles, vous savez, me dit un des industriels de la vallée de l'Arve, nous les connaissons tous : il faut former nos salariés, innover sans cesse, baisser nos coûts de production, exporter. On sait faire. Tout ce qu'on vous demande, à vous les politiques, c'est de nous donner les moyens d'être les meilleurs. Si vous voulez inventer un nouveau monde, parfait, allez-y, mais nous, nous ne pouvons plus attendre : le monde est comme il est et nous devons réussir tout de suite. Sinon, on met la clé sous la porte. Et pas dans dix ans, hein ? Dans dix mois. » Je pourrais vous raconter mille anecdotes sur les difficultés quotidiennes que rencontrent ceux qui pourtant créent des emplois en France et sont les seuls à pouvoir en créer désormais. Pas forcément des entrepreneurs établis, mais aussi des jeunes, de quelques années de plus que vous, qui démarrent la fleur au fusil, et qui, après avoir été encouragés au départ, se trouvent confrontés à des tracasseries insupportables : contrôles à répétition, complexité administrative, fiscalité dissuasive, délais de paiement. Dans tous les secteurs, le sentiment de ne pas être compris le dispute à l'abattement devant la rigidité des procédures. Laurent, producteur d'aromates dans les Alpes-de-Haute-Provence, a attendu huit mois une dérogation pour l'emploi d'un produit traitant, dont je suis incapable de me rappeler le nom. La chimie n'a jamais été mon fort, pas plus que la géométrie ou les mathématiques : ministre de l'Agriculture, j'ai séché à la télévision sur la taille en mètres carrés d'un hectare, ce qui, au vu de la mine consternée de mon conseiller presse dans la loge de démaquillage et des remarques ironiques que me valut ma prestation jusqu'à la fin de mes fonctions, et encore maintenant, tenait de la faute professionnelle. En désespoir de cause, Laurent lance sa culture. Quelques semaines plus tard arrive la fameuse autorisation, mais trop tard, la moitié de sa récolte est perdue. Il se gratte la tête, prend sa plus belle plume et me rédige un long courrier, plein de bon sens et d'humour. À la fin, il m'écrit : « Si jamais vous avez du temps à perdre, passez chez moi à Mane, le coin est très beau et je vous expliquerai mieux les choses. » Son exploitation se trouve au pied du village de Mane, au milieu de la plaine environnée de collines. Tout en sirotant un verre de Rinquinquin, un alcool de pêche noyé dans la glace, produit une vingtaine de kilomètres plus bas, à Manosque, il m'expliqua donc les choses : « Vous comprenez, monsieur le Ministre, j'aurais pu comprendre si vous m'aviez refusé l'autorisation. Mais me donner l'autorisation trop tard, c'est le pire de tout : elle ne sert à rien et elle fait des regrets. Deux fois je suis allé à Paris pour défendre mon dossier, deux fois on m'a assuré que tout allait s'arranger, mais comme toujours, ça s'arrange trop tard. » Laurent mettait le doigt sur un de nos blocages nationaux, contre lequel le combat est incessant : la difficulté à travailler ensemble, le cloisonnement des services, le peu de dialogue avec les administrés, le manque de recours en cas de décision administrative manifestement infondée. Son père, maire de Mane, me dit plus succinctement : « En France, nous sommes des gens de bisbille. L'intérêt général, tout le monde n'a que ça à la bouche, mais pour le mettre en pratique, alors là, il n'y a plus personne. » Hélas, la même difficulté se retrouve partout : je me suis autant battu pour la transparence et pour la simplification de mon administration que pour amener les producteurs, les industriels et les distributeurs à travailler ensemble. Personne n'est responsable et tout le monde se plaint. Rien ne bouge, ou si peu, finalement les uns baissent les bras, les autres partent. Pourtant la volonté de réussir existe, elle est palpable partout en France, dans les quartiers comme dans les campagnes, dans les centres urbains comme dans les plus petits villages, pas un jeune qui ne soit prêt à se lancer, pas un jeune qui ne se dise : je vais tenter ma chance. Écoutons-les, nous changerons la donne. Faisons-leur confiance, la plupart, bien formés, lucides sur leur avenir, seront à la hauteur de nos attentes. Au lieu de reprocher sans cesse aux jeunes leur manque d'expérience, ceux qui ont entre les mains les manettes du pouvoir, financier, économique ou politique, feraient mieux de répondre à leur enthousiasme. L'un d'entre eux échouera certainement, et alors ? Dix autres réussiront. Toujours dans le Sud, mais cette fois dans le Gard, Max Roustan, visage buriné, sourcils broussailleux et voix rocailleuse, m'invita un jour à visiter son pôle mécanique, réalisé avec succès dans d'anciennes carrières qui dominent sa ville, Alès. De jeunes entreprises industrielles y côtoient un circuit automobile, un centre de recherche en mécanique et l'École des mines d'Alès, installée en contrebas. « Tu veux faire un tour de circuit avant de visiter le centre ? » Max Roustan me montrait du doigt un petit roadster rouge de la marque PGO, garé le long des stands ; je me glissai dans la barquette, pris le volant, et nous fîmes ensemble un tour de circuit à une allure de promeneur, en discutant et en admirant les coteaux plantés de conifères. À notre retour, un pilote de trente ans, pilote officiel Porsche, m'invita à prendre place dans un véhicule identique, celle-ci jaune canari. « Juste un tour, parce que je sais que votre temps est compté. On va faire fissa, ne vous inquiétez pas. » Soucieux de tenir parole, il démarra pédale au plancher : « Elle pousse fort la petite, hein ? » Oui, très fort. Au premier virage, je crus que nous allions finir dans les si jolis coteaux de conifères ; il plongea la voiture dans la courbe, freina brutalement au point de corde, entraînant le roadster jaune canari dans une dérive interminable ralentie par le crissement des pneus, puis, d'un coup de poignet, il remit le véhicule dans l'axe de la piste, le film de la route reprit, dévidant à une allure diabolique son ruban noir et râpeux, qui repartait en S. « C'est joueur comme voiture, vous voyez, ça se place facilement, au petit doigt, ça se place. » Il parlait tranquillement, démentant par la placidité de son visage le tourbillon de conifères qui me brouillait la vue, calme, comme s'il conduisait une Twingo à 110 sur une autoroute dégagée, le bras à la portière. Il ajouta en rentrant au stand : « On y est allés tranquille, parce que je veux pas vous fatiguer quand même. » Je descendis, rajustai ma chemise dans mon pantalon, lui serrai la main : « Merci pour le tour, c'était formidable ! » Deux jeunes ingénieurs m'attendaient depuis plusieurs minutes pour me présenter leur entreprise de véhicules électriques : vélos, motos, scooters des mers. Ils me détaillèrent leurs difficultés : « Nous, notre problème, depuis le départ, c'est le financement. Vous avez la banque publique d'investissement, les banques classiques, les collectivités locales. Pour trouver deux ou trois millions d'euros, c'est très bien, mais pour deux cent ou trois cent mille euros, c'est beaucoup plus compliqué. Et puis surtout, on ne nous fait pas confiance. Les investisseurs voulaient avoir leur mot à dire sur le produit. Ils disaient : trop cher, il faut faire du bas de gamme ou du moyenne gamme. Du bas de gamme, vous imaginez ? Notre truc marche parce que nous faisons du haut de gamme. Sur le bas de gamme, impossible de gagner un euro. Du coup, nos investisseurs sont étrangers. Ici, en France, on ne nous fait pas confiance. Max Roustan nous fait confiance, lui, mais sinon, pas grand monde. C'est frileux, très frileux. » À Grenoble, d'autres jeunes entrepreneurs m'initièrent au codage informatique, dont le langage sur l'écran m'apparut comme autant de signes cabalistiques, mystérieusement capables de faire naître ensuite des images, des textes, des annonces, des formulaires de recherche d'emploi. Leur idée était simple et excellente : faciliter la vie de milliers de jeunes au chômage en leur permettant de s'inscrire directement sur leur plateforme pour trouver un emploi correspondant à leur qualification et à leur envie. Ils m'offrirent un café dans leurs locaux exigus, peints en vert pomme : « Pour le codage, évidemment que cela va devenir une nécessité pour les générations à venir, comme de parler anglais. Vous parlez anglais ? » Je leur répondis que oui. « Donc vous pouvez apprendre à coder. » Avec une moue sceptique, ils ajoutèrent : « Vous n'êtes pas si vieux, après tout, pour un politique, vous pouvez encore apprendre. »

Apprendre : voilà ce que nous avons de mieux à faire, nous, les responsables politiques, si nous voulons encore convaincre. Apprendre de ces générations nouvelles ; apprendre des expériences qui marchent sur le terrain ; apprendre de ces initiatives qui se multiplient dans tous les départements et apportent une réponse concrète au drame du chômage et de la relégation sociale, qui laisse les administrations classiques, quelle que soit la qualité du travail de leurs agents, souvent si désemparées. À Illzach, près de Mulhouse, une association montée par une communauté de communes accompagne personnellement les chômeurs de longue durée. Son président me fit visiter ses locaux, installés dans un ancien couvent, en expliquant sa démarche : « Vous savez, il ne faut pas se faire d'illusions. La plupart des chômeurs de longue durée, en particulier les femmes seules, elles ne retrouveront jamais un travail par la voie classique, les obstacles sont trop nombreux : les horaires décalés, la garde des enfants, la perte de revenus, les transports. Chaque cas est particulier. Nous, nous appelons les entreprises locales, nous essayons de trouver une solution sur mesure pour chacun. La plupart du temps, contrairement à ce qu'on dit, ce n'est pas la volonté qui manque, mais après plusieurs échecs les chômeurs les plus fragiles laissent tomber et s'enfoncent dans la précarité. » Il ajouta : « Nous sommes souvent une bouée, parfois un marchepied. » La chapelle du couvent avait été reconvertie en centre de documentation. Une dizaine de femmes y consultait des annonces avec un conseiller. L'une d'entre elles me dit : « Ici, on trouve ce qu'on ne trouve pas ailleurs : de l'attention. » Et tout doucement, le visage nimbé par la lumière mate qui traversait les anciens vitraux en verre dépoli : « C'est important, l'attention. »

Qu'attendons-nous pour rassembler ces initiatives, nous en inspirer et les soutenir ? Pourquoi refusons-nous de donner aux entrepreneurs de France les libertés essentielles dont ils ont besoin ? Nous sommes désormais devant les choix difficiles que nous avons repoussés depuis des années. Des réformes courageuses, chaque gouvernement en a fait, à un moment ou à un autre, au péril de la cohésion de sa majorité, des dissensions entre ministres, des manifestations de masse dans la rue, de la paralysie totale des transports publics. Personne ne prend le pouvoir pour rester immobile. Et dans mes dix années de participation au pouvoir exécutif, comme conseiller ou comme ministre, quel que soit le côté où je me place, ombre ou lumière, je vois avant tout des hommes et des femmes attachés à améliorer la situation de leurs compatriotes. Comme il existe de grandes ambitions, on trouve évidemment aussi des ambitions médiocres : certains veulent le poste pour le poste, les honneurs pour les honneurs, ils font corps avec leur véhicule de fonction, ils ne sortent jamais sans leurs officiers de sécurité. Pascal argumentait : « Il y a quatre laquais, et je n'en ai qu'un : cela est visible ; il n'y a qu'à compter. » Ces politiques plastronnent avec le prestige pourtant si terni du rang de ministre. Ils disparaissent le plus souvent sans laisser de trace, avec le sentiment non pas du devoir accompli, mais de la case cochée. Toute leur vie, leurs enfants et petits-enfants les entendront ressasser : « Vous savez, les enfants, quand je siégeais au Conseil des ministres. » Avec vos critiques, vos soupirs et votre mine exaspérée dès que je commence à évoquer un souvenir ministériel, vous me prémunissez de ce genre de défaut, qui pointe assez naturellement. Ce sont en général ces politiques qui crient le plus fort de douleur au moment des remaniements. Ce que Jacques Chirac, assis un dimanche dans un fauteuil tendu de soie vert amande, les lèvres pincées, avait sobrement résumé au moment de la composition du gouvernement de Dominique de Villepin, en 2005 : « Si vous voulez être tranquille, gardez les nuls et virez les bons. Si vous voulez être efficace, gardez les bons et virez les nuls. » Mais voilà : en dépit du courage des uns et des autres, nous en restons au même point, ou pas loin. Et de plus en plus de gens ne nous demandent plus des réformes, ils sont même devenus allergiques à ce mot, qui signifie pour eux un effort permanent et sans grand résultat, ils réclament un changement complet. Ils voient juste. Changement complet ne veut pas dire jeter aux orties ce qui fait la cohésion et la singularité de notre nation : la Sécurité sociale, les services publics, un État régalien fort, la défense de notre patrimoine. Changement complet veut dire : redéfinir la place de notre État, redonner des perspectives à des fonctionnaires désabusés par la rigidité des avancements et le manque de considération, refonder notre Sécurité sociale autour du seul principe de solidarité, et non de gratuité, mettre la machine administrative au service des entrepreneurs, et non les entrepreneurs sous la coupe de la machine administrative, tailler dans les dépenses inutiles, restructurer notre organisation territoriale, mettre fin aux prébendes, aux avantages acquis sans légitimité. Changement complet veut dire : améliorer la courroie de transmission du pouvoir, qui tourne à vide, entre des partenaires sociaux soucieux de défendre leurs mandants et une loi lente et lourde. Changement complet veut dire : laisser nos compatriotes libres de participer davantage au pouvoir, en les informant mieux, en faisant preuve de plus de transparence, en les associant aux décisions, en leur rendant des comptes. Changement complet ne veut certainement pas dire : austérité, rigueur, le sac de cendres sur la tête et des efforts pour mille ans. Changement complet veut dire : que la liberté ancienne cède la place à la liberté nouvelle. Nous sommes à un de ces moments de notre histoire où le peuple, après avoir confié pendant des années son destin à un régime ou à un homme, reprend ses droits, exige une vision nouvelle, veut tout simplement savoir où il va. Souvent des militants, des proches de ma famille politique, me demandent pourquoi nous ne sommes pas allés plus loin quand nous avions le pouvoir. « Vous aviez toutes les manettes, vous nous aviez dit que vous feriez le boulot, on vous a crus. Résultat : pas grand-chose. Alors pourquoi on vous croirait maintenant ? » Question de volonté ? Je ne pense pas. De détermination ? Nous en avions à revendre, au moins au début. Ensuite, le pouvoir use. Il use les hommes, leur tempérament, surtout leur imagination, qui finit par tourner à vide faute de nourriture substantielle. À droite, nous avons tous cherché pendant la campagne présidentielle de 2012 la formule magique qui nous aurait permis de retrouver un élan, en vain. Campagne terne, victoire terne, nouveau Président terne, qui enfourcha le cheval révolutionnaire de la taxe à 75 % et du combat contre la finance (dont il reste pourtant un allié sûr) pour franchir la barre de son élection. Non, la vraie raison est ailleurs : nous ne savions pas avec assez de fermeté où nous voulions emmener la France. La volonté et la détermination ne suffisent pas à effacer les obstacles, il faut aussi une méthode nouvelle, elle manquait, et une clarté totale sur les objectifs, ils restaient flous.

En marge d'un des brouillons de son mémoire de DEA, qu'il m'avait confié (il les appelait brouillons, ces feuilles à carreaux si bien ordonnées, qui frappent immédiatement le lecteur par leur ordre, leur rigueur, leur propreté, l'acuité des remarques qui y sont inscrites à l'encre bleu pâle), mon ami Pierre avait noté cette citation du cardinal de Retz : « La vérité jette, lorsqu'elle est à un certain carat, une manière d'éclat auquel on ne peut résister. » Il avait ajouté ce commentaire personnel : « Les nations ont des périodes, comme la musique ou les espèces animales, et notre nation tout particulièrement : elle oscille entre le pouvoir absolu, qui la rassure, et la révolution, qui l'inquiète. Les bouleversements viennent quand le peuple, lassé du pouvoir absolu, commence à le trouver inquiétant, et la révolution, rassurante. » Nous approchons de ce moment. Certains prétendent que nos compatriotes ne sont pas prêts à ces changements radicaux ; au contraire : ce sont les petits changements dont ils ne veulent plus, pas les grands. Ils savent la vérité, ils attendent des actes.

VII

Je ne suis pas venu immédiatement à la politique. Longtemps je pensai que je deviendrais enseignant. À vingt ans, je passais des journées entières dans les bibliothèques Sainte-Geneviève ou de la Sorbonne, je préparais une thèse sur Marcel Proust. Malgré tout, dès qu'il se mettait à faire chaud, qu'un peu de ciel bleu pointait derrière les verrières, je ne résistais pas à l'envie de me ruer dehors, pour profiter du printemps et de ce que signifie le printemps, à vingt ans, à Paris. Ces escapades de plus en plus fréquentes, et qui bientôt eurent lieu hors saison, automne comme hiver, me firent prendre du retard dans mes travaux. Mon directeur de thèse le constata assez vite : après trois ans de travail en commun, il me poussa à abandonner mes études universitaires. Comme quoi, acceptez les hésitations dans votre vie, méfiez-vous des lignes droites, apprenez aussi à perdre votre temps pour vous accomplir. Ceux qui décrètent : « Il ne faut jamais dévier de sa voie » confondent persévérance et obstination. Un mois de mai, je soutins enfin devant mon directeur un vague mémoire pompeusement intitulé : *La statuaire dans « À la recherche du temps perdu »*. Peu de monde jusque-là avait prêté beaucoup d'attention aux statues dans l'œuvre de Proust, et pas grand monde, j'imagine, depuis. Après la soutenance, il me demanda de le suivre dans le bureau exigu qu'il partageait avec un collègue de la Sorbonne. Immédiatement, il me dit qu'il m'accorderait la plus haute mention pour ce mémoire pourtant bâclé, mais auquel il reconnaissait des qualités de « sérieux, voilà, oui, de sérieux ». Je me voyais déjà chargé de TD, puis maître de conférences, plus tard professeur, pourquoi pas professeur honoraire, mais il doucha mes espérances : « Vous savez, me dit-il en passant lentement sa main sur son front proéminent, lisse et verni comme une carapace d'insecte, je pense que vous n'êtes tout simplement pas fait pour une carrière universitaire. » Deux pigeons roucoulaient sur la rambarde de pierre de la fenêtre. Il poursuivit de sa voix chuintante, tandis que le soleil de mai, traversant les carreaux sales, dardait un rai oblique, vacillant, tiède et empoussiéré sur son crâne : « Bon, je vous ai accordé une mention, mais franchement il faudrait être aveugle pour ne pas voir que les travaux universitaires vous rebutent. Vous êtes incapable de rester plus de deux heures dans une bibliothèque, vos références bibliographiques sont approximatives, vous avez envie de tout changer, et ici, regardez ! (Il déploya son bras tentaculaire et fit un geste circulaire de la main.) On ne change jamais rien ! Rien ! » Il se tut, sa tête oscillait lentement au bout de son cou, comme emportée par le poids de son cerveau, ce petit morceau de matière pensante, complexe, noué en réseaux étroits et bouillonnant de millions de connexions, logé à la pointe de cette tige longiligne. Il conclut sèchement : « Non, je vous assure, faites autre chose, ne perdez pas votre temps, faites autre chose. » Quelques années plus tôt, mon professeur de latin, une femme autour de la quarantaine dont le regard turquoise troublait les élèves, me donnait rendez-vous dans une salle de classe, hélas seulement pour me demander : « Vous êtes certain de vouloir poursuivre dans les études littéraires ? » Sa moue dubitative lui donnait un charme particulier, elle le vit, se corrigea aussitôt : « À propos, je vous rends votre thème de latin, je vous ai mis 2, pour ne pas vous désespérer, mais au concours vous auriez eu 0. » Elle aussi avait vu ce que je me refusais à voir, tant on est parfois mauvais juge de soi : j'aimais lire, j'aimais encore plus agir. Je vous souhaite de rencontrer dans vos études des enseignants de cette qualité : nos écoles, nos collèges, nos lycées et nos universités n'en manquent pas. Ils vous apprendront non pas quoi penser, mais comment penser, non pas quoi dire, mais comment le dire, et feront de vous des citoyens adultes. Ils ne vous dirigeront pas, ils vous orienteront, en fonction de vos qualités, de vos goûts, de vos attentes et de vos envies. Malheureusement le sort qui est fait aux enseignants, leur déroulement de carrière, leur rémunération, la valorisation de leur mérite, pour une immense majorité, comme la sanction de leurs manquements, pour une minorité, est indigne. Si on jugeait une nation à la reconnaissance qu'elle accorde à ceux qui éduquent ses enfants, mais aussi à ceux qui les soignent, qui les consolent, qui les accompagnent et qui les font grandir, la France serait mal jugée. Plutôt que de recruter à tout-va des fonctionnaires dont les rémunérations stagnent, nous serions avisés de revaloriser les traitements de ceux qui exercent une des quatre fonctions régaliennes essentielles : éduquer, soigner, défendre, juger; nous ferions mieux de confier à des spécialistes privés ou sous contrat des missions qui ne relèvent pas des services publics; nous aurions intérêt à modifier un statut de la fonction publique qui devrait protéger, mais qui trop souvent enferme. Nous avons un nouvel État à construire, au lieu de quoi nous mettons sous perfusion un État moribond. Puisque je vous parle d'orientation, je voudrais citer encore trois personnes : Dominique de Villepin, qui me fit découvrir les relations internationales, les cabinets ministériels, les arcanes administratifs dans lesquels mieux vaut savoir se retrouver, si on veut changer quoi que ce soit en France; Jean-Louis Debré, à qui je dois mon ancrage local à Évreux, par conséquent ma légitimité politique; Nicolas Sarkozy, qui me confia successivement les portefeuilles des Affaires européennes et de l'Agriculture, dont je suis sorti aussi transformé, même si la comparaison ne vous dira pas grand-chose, qu'après les classes de mon service militaire. Tous les trois ont compté pour moi à des moments décisifs de ma carrière : quels que soient les combats futurs, je leur en suis reconnaissant. En politique moins qu'ailleurs on se construit seul : la politique entraîne au contraire une lente transformation de soi par les autres. De la rencontre la plus incidente, comme celle de cette aide-soignante du centre de cancérologie de Bordeaux qui me montra ce que la douceur peut apporter de consolation à un enfant de six ans, en rémission, à la présence la plus régulière et la plus proche, comme c'est le cas avec Pauline, votre mère, dont les conseils m'ont toujours guidé dans mes choix. En janvier 2007, quand Jacques Chirac me proposa de prendre l'ambassade de France à Rome, après deux ans de cabinet à Matignon, elle fut la seule à me dire aussi nettement : « Qu'est-ce que tu irais faire à Rome ? Je te connais, au bout de trois semaines, tu vas piaffer et tourner en rond. » Le bureau de la Sorbonne était trop étroit, le bureau du palais Farnèse trop vaste, du coup je me retrouvai sur le terrain politique, en perpétuel mouvement, et heureux de ce mouvement, car au contact de gens qu'aucun autre métier ne m'aurait permis de croiser. Aussi ingrate que puisse être la vie publique, elle reste la seule qui vous offre autant d'opportunités de vous échapper de ce à quoi votre éducation, votre culture, votre milieu vous avaient prédestiné ; elle est une vie libre. Elle vous donne comme seules récompenses, qui valent toutes les autres, une parole de soutien, un encouragement, un regard plein de reconnaissance, l'engagement de jeunes qui envoient un CV et viennent frapper à votre porte pour vous apporter bénévolement leur aide, simplement parce qu'ils croient en vous. Parfois ce sont juste quelques mots, comme ceux de Véronique Colucci et de son directeur Olivier Berthe, à la veille d'une réunion décisive pour la prolongation du programme européen d'aide aux plus démunis : « On compte sur vous. » En revanche, le prix de la politique ne se compte pas seulement en heures de travail. Le plus élevé est celui que vous payez, vous, mes enfants, et que paie Pauline. Avec elle, nous avons essayé beaucoup de formules possibles pour conjuguer vie publique et vie privée. La pire aura été de mélanger les deux. Pendant plusieurs mois, Pauline a travaillé pour moi : elle répondait aux mails, elle suivait mon site Internet, elle traitait le courrier, en bref, elle vivait professionnellement avec un homme qui était aussi son mari. Elle se consacrait à un métier qui ne lui convenait pas, pour lequel elle avait toutes les compétences requises, mais aucun goût. Sans compter le soir, vous, les enfants, à laver, nourrir, coucher, et le matin la bataille contre la télévision, les négociations infinies pour que vous enfiliez vos habits avant de dévaler l'escalier et filer en classe ou à la crèche, les courses quotidiennes, les machines à laver qui, dans une famille de six, tournent en continu. Toute cette intendance, que nous aurions dû assumer à deux, elle devenait, pour une femme dont le mari se laissait peu à peu dévorer par la politique, un esclavage certes doux, mais un esclavage. Même avec une aide ponctuelle, les tâches domestiques sont encore le premier des handicaps à la réussite des femmes, la mienne comprise. Il a fallu une longue crise entre nous pour que je reconnaisse mon erreur et que je la corrige. Pourquoi longue ? Sans doute parce que mon éducation ne me portait pas facilement à reconnaître cette évidence : que ma femme avait un don propre et que mon rôle était de la laisser le développer. Pauline est peintre. Nous nous sommes connus quand elle est entrée aux Beaux-Arts. La peinture est sa vie, pas la politique. De quel droit serait-elle soumise aux obligations que je me suis choisies ? Au nom de quelle vision rétrograde de la place des femmes serait-elle sans cesse avec moi et sacrifierait-elle son talent ? Le jour où mon père prit sa retraite, ma propre mère, Viviane, décida de reprendre des études pour devenir professeur des écoles. Elle avait élevé six enfants ; le dernier allait devenir majeur ; elle voulait passer à autre chose et gagner son indépendance. Sa belle-mère, ma grand-mère paternelle, accueillit froidement la nouvelle : « Travailler ? Vraiment ? Mais est-ce que Maurice ne vous donne pas tout ce dont vous avez besoin ? » Au pincement de ses narines et au haussement de ses sourcils, on vit qu'elle désapprouvait. Elle se renfonça dans son appartement vide et laissa faire. Nous sommes, quoi ? Une vingtaine d'années plus tard ? Nous avons surmonté cette crise avec Pauline, moins parce que je suis subitement devenu lucide que parce que votre mère a tenu bon. Me remettre à vous habiller, vous préparer pour l'école, courir après vous dans la rue et trouver une heure pour aller faire les courses, parce que votre mère est dans son atelier et rentrera tard, me fait le plus grand bien. Ma vie privée, je veux dire notre vie à tous les six, a repris cette place que la vie publique avait rongée insidieusement. « Le monde disait aux femmes avec un éclat de rire : Écrire ? Pourquoi écririez-vous ? » Cette ironie que rappelle Virginia Woolf dans un livre que nous avait recommandé une amie de Pauline, quoique datée, sonne toujours juste. Le combat pour la place des femmes dans notre société est à poursuivre, non pas pour leur garantir à toute force la première place, mais une place égale, et surtout la place que chaque femme aura choisie. « Peindre ? Pourquoi peindrais-tu ? » Est-ce que je ne sais quelle voix archaïque ne me dictait pas cette conduite avec Pauline avant notre crise ? Désormais je suis le premier à dire : « Tu peindras. » Dans un pays où rarement la politique n'a eu aussi mauvaise presse, le prix à payer ne se limite pas aux difficultés familiales. Les critiques, les remarques désagréables ou franchement agressives sont monnaie courante – quoique la place de l'opposition, de ce point de vue, soit mille fois plus confortable que celle de la majorité, puisqu'on vous fait crédit de ne pas pouvoir grand-chose : en Vendée, je ne risque plus de me faire accueillir, comme en 2010 après le passage de la tempête Xynthia, par un éleveur de moutons le fusil à la main. Nous sommes, nous les responsables politiques, devenus une caste dont le reste de la population se méfie. Si encore nous obtenions des résultats. Mais les résultats ne viennent pas. Nous ressemblons à cette société brillante du Grand Hôtel de Proust, dont les ouvriers, les couturières, les pêcheurs et la petite bourgeoisie de Balbec observent à travers les baies vitrées la vaine agitation « dans de grands remous d'or ». « Une grande question sociale, ajoute Proust, de savoir si la paroi de verre protégera toujours le festin des bêtes merveilleuses et si les gens obscurs qui regardent avidement dans la nuit ne viendront pas les cueillir dans leur aquarium et les manger. » Une grande question effectivement. Quelle réponse lui apporter ? Se cacher ? Se taire ? Certainement pas. Il est temps de vous faire une place dans la vie publique, à vous les générations qui viennent, aux jeunes qui se lèvent le matin en cherchant un engagement, à tous ceux qui croient encore à la vie publique mais baissent les bras quand ils voient devant eux le parcours du combattant qui les attend. Il est temps de dépoussiérer cette vaste maison politique bâtie avec succès par de Gaulle en 1958, dont les fondations restent saines, mais qui a perdu décennie après décennie sa grandeur et son efficacité. Notre république marche, notre république tourne, mais elle ne correspond plus dans son fonctionnement aux attentes quotidiennes de ses membres. Notre démocratie se meurt, demain notre démocratie sera morte. Dépossédée de multiples décisions par les instances européennes, incapable de rendre des comptes, verrouillée par le cumul des mandats, en nombre mais aussi dans le temps, elle finit par susciter dédain et indifférence. Chacun cultive son jardin : sagesse personnelle, mais folie collective. Une nation ne vit que dans la participation de tous. Or, désormais, elle se détourne de sa classe politique. Reconnaissons que nous ne faisons guère envie : le pouvoir exécutif a le pouvoir mais pas de résultats ; le pouvoir législatif a la représentation mais pas le pouvoir. Et quelle représentation ? Qui se reconnaît parfaitement en France dans le Parlement tel qu'il est composé ? Sommes-nous encore en phase avec les évolutions et les attentes de la nation qui nous a confié le vote de ses lois ? Nous avons le choix entre défendre le modèle politique ancien ou en inventer un nouveau : inventons-en un nouveau. Dans les réunions de notre groupe parlementaire, certains de mes collègues affirment : « En 2017, il faudra rétablir le cumul des mandats. » Ce sera sans ma voix. Je propose au contraire que nous allions plus loin : que nous limitions aussi les mandats dans le temps, trois mandats, pas un de plus, pour préparer les successions et faire une place à des figures nouvelles en politique ; que nous réduisions le nombre de parlementaires tout en améliorant leurs conditions de travail et les moyens dont ils disposent pour voter la loi et contrôler le gouvernement ; que nous obligions les hauts fonctionnaires qui entrent au Parlement – Assemblée nationale ou Sénat – à démissionner de la haute fonction publique ; que nous réduisions de moitié le nombre de lois votées et que nous rendions des comptes sur leur application : la loi ne doit plus être la bonne conscience de politiques en mal de résultats, elle doit dire la règle et la faire respecter. Je propose que nous consultions nos compatriotes au moment de la rédaction de la loi ; que nous leur ouvrions des voies de contestation plus simples et plus rapides. Illusions ? Mais ce sont nos lois qui sont devenues des illusions. Quand il faut trois mois à la nouvelle majorité pour voter en novembre 2012 un projet de loi de finances pour 2013, il faut trois semaines à des internautes en colère, organisés et mobilisés, pour obliger la majorité à revenir sur la loi votée. Lenteur ? Mais ne pensons pas que le temps de la démocratie rejoindra un jour le temps immédiat, ni que ce soit souhaitable ; faisons plutôt en sorte que le temps de la démocratie ne se replie pas sur un petit nombre d'élus. Est-ce que tout cela vous concerne ? Oui. Notre démocratie de demain, celle où vous aurez un rôle à jouer, de loin ou de près, se construit maintenant. Sans doute que même avec ces bouleversements, qui ne sont en fait que des ajustements de bon sens, vous continuerez à me dire : la politique ne nous intéresse pas. Chacun de vous pourra me dire : je ne *veux* pas faire de politique. Mais plus : je ne *peux* pas faire de politique.

VIII

La France a-t-elle tout donné ? Non. A-t-elle épuisé au cours de sa longue histoire ce qu'elle a de talent, d'inventivité, d'intelligence et de générosité ? Encore moins. Ne vous laissez pas engluer dans votre siècle et dans ses peurs. Soyez de ce qui vient autant que de ce qui est. En septembre 2013, je passai une journée à Perpignan, en compagnie de Jean-Marc Pujol, maire, qui devait quatre mois plus tard se faire réélire face au candidat du FN. Dans un café d'angle, avant de nous rendre au quartier du Bas-Vernet, il profita de ce que j'avalais une omelette aux pommes de terre pour m'expliquer la situation de la ville, les incivilités récurrentes, le chômage, qui réduit à néant les efforts d'intégration, les provocations quotidiennes de jeunes mineurs, auxquelles il était si difficile de répondre. Pourtant il conclut avec optimisme : « On peut y arriver. Si on donne les moyens aux acteurs locaux, à nous, les maires, aux associations de terrain qui font un travail efficace, à la police municipale, si on rétablit une autorité dans ce pays, on peut y arriver ; l'autorité, c'est ce qui manque le plus, en fait. » En essuyant les verres de ses lunettes avec une serviette en papier rouge, frappée d'une tête de taureau noire, il ajouta : « Tu verras, ce sera dur, mais je serai réélu. » Il a tenu parole. Au cours de ce déjeuner sur le pouce, il me dit aussi : « Culpabiliser les électeurs qui votent FN, c'est complètement idiot. Ce n'est même pas qu'ils te le reprochent : ils ne comprennent pas ce que tu leur racontes. Quand tu dis à une famille qui descend de républicains espagnols qu'ils sont des fachos parce qu'ils votent FN, la famille, forcément elle rigole. La connotation d'extrême droite, ils ne savent même pas ce que c'est. » Au Bas-Vernet, nous passâmes une heure avec des jeunes femmes du quartier, qui me firent part de leurs difficultés à concilier leur travail et l'éducation de leurs enfants, dont aucun n'avait encore trouvé d'emploi. « Ils zonent, c'est ça le problème, ils n'ont rien à faire, alors ils zonent et nous, on ne peut pas les surveiller. Ils voient leur père au chômage, ils se disent on sera au chômage aussi, ils ne se donnent pas le mal nécessaire. Ils n'ont pas d'exemple, vous comprenez ? » À la sortie de la réunion, un adolescent de quinze ans croisa notre petit groupe avec étonnement. Il avait forcé sur la musculation, il paraissait cinq ans de plus que son âge. En short et polo, il tenait un ballon de rugby coincé contre sa hanche, la main plaquée sur le cuir usé, souriant de toutes ses dents ; ses épaules arrivaient à la hauteur de son menton. Il me dévisagea, se demandant qui je pouvais bien être et pourquoi je venais dans son quartier, entouré d'hommes en costume et de quelques femmes, qu'il ne connaissait pas davantage : « Vous êtes journaliste ? — Non. » Il fronça les sourcils. « Maire ? — Non plus. » Il haussa ses épaules, qui lui arrivèrent quasiment au niveau des pommettes : « Vous êtes quoi alors ? — Député. — Député ? Bon, alors député. » Il me raconta sa vie dans le quartier et comment il était décidé à s'en sortir, par le rugby : « À l'école, je suis pas trop bon ; moi, j'aime le sport. Il y a un centre de formation, ici. Je suis inscrit au centre, après les cours je m'entraîne, pendant les vacances aussi. Ce que je veux, c'est être sélectionné à l'USAP. — L'USAP ? — Le club de Perpignan, quoi. » Se grattant la tête, il ajouta : « Bon, le club marche pas fort en ce moment, mais en cinq ou six ans on peut redresser la situation. » Plus tard, je le vis effectuer des séries de drops sur le terrain de rugby que la municipalité avait aménagé en lisière du quartier. Il partait du milieu du terrain, lâchait le ballon en se courbant légèrement, frappait de son pied droit, le ballon ovale culbutait dans les airs et retombait, rarement entre les poteaux, en petits sauts chaotiques sur la pelouse ; il partait rechercher le ballon sans se presser, revenait au centre du terrain, frappait, retournait derrière les poteaux chercher son ballon. Combien de fois faisait-il le même exercice chaque jour ? Et depuis combien de jours ? Il avait un rêve et il le poursuivait, et peu importe, d'une certaine façon, que son rêve s'accomplisse ou non, pourvu qu'il ait la force de le poursuivre. Plus je passe du temps auprès des Français, profitant de la disponibilité que donne l'opposition, plus je rencontre de ces jeunes déterminés à aller au bout de leurs projets, quelles que soient les difficultés. L'audace est partout ; il ne manque qu'une étincelle pour l'allumer. Tous n'ont pas quinze ans, tous n'ont pas forcé sur la musculation et ne rêvent pas de rugby, ils sont chercheurs, ils sont apprentis boulangers, ils ont un CAP de boucherie ou un diplôme d'ingénierie mécanique, ils sont agronomes, biologistes ou médecins, ils vont réaliser des pales d'éolienne ou des nacelles de moteurs d'avion, ils rendent fertiles des terres arides en Afrique, ils inventent des jeux vidéo pour se divertir ou des vêtements pour affronter les climats extrêmes, ils peignent, ils créent, ils sont les dignes représentants de l'intelligence et du savoir-faire français. Nous les laisserions tomber ? Nous abandonnerions leurs rêves ? Jamais. En Andalousie, à l'occasion d'une réunion exceptionnelle des ministres de l'Agriculture européens, je visitai le chantier d'un pont qui devait enjamber un canyon de plus de trente mètres de profondeur. Rien à voir avec l'agriculture, mais la chef de chantier était une amie qui, avertie de mon déplacement, m'avait proposé : « Viens, tu verras, ça vaut le coup, c'est un bel endroit. » Je faussai compagnie à mes collègues européens : ils se passeraient bien de moi pour deux heures. Pour le moment, le chantier se résumait à des baraquements, des grues, des matériaux divers, des véhicules de tractage et de pelletage, mais, entre les deux berges du canyon dans lequel s'engouffrait un vent chaud, il n'y avait rien, que le vide béant. Je fis la remarque à mon amie, qui sourit sous son casque : « Tu es bien impatient. » Elle m'impressionnait, à diriger d'une main de fer son équipe presque exclusivement masculine, au fin fond de l'Andalousie. Elle demanda qu'on lui apporte son ordinateur portable et l'ouvrit sur le capot de sa voiture, une Seat Ibiza, blanche comme neige, immatriculée à Madrid. Elle pianota dessus : malgré les reflets du soleil, je vis se dessiner sur l'écran la topographie quadrillée du site, avec le canyon facilement reconnaissable, les falaises lisses comme des paumes, le vide au milieu. Elle pianota encore : un pont apparut, en pointillé gris, son tablier à peine incurvé, qui lui donnait une élégance particulière. « Pourquoi il est incurvé ce pont ? Tu aurais pu tracer tout droit, non ? » Elle regarda le canyon à ses pieds, immobile, son regard clair protégé par la visière de son casque. Un peu de poussière tournoyait entre ses jambes, fuselées dans un jean. Elle soupira : « Parce qu'un pont tout droit, n'importe qui peut le faire. Si on demande à un ingénieur français de faire un pont, c'est justement pour qu'il ne fasse pas le pont de tout le monde ; c'est tout. » Elle poursuivit : « Un ingénieur français, il ne réalise pas seulement un pont, il fait un ouvrage d'art ; il tient compte de l'environnement naturel, il fait attention à la morphologie du site, il s'adapte, il invente, il cherche la meilleure solution. D'autres ingénieurs, ils feront le même pont partout, à Panamá comme ici, en Andalousie. Nous, les Français, on fait du sur-mesure. » Elle se retourna, planta sur moi ses deux pupilles, dont les écailles vertes et noires se rétractaient au soleil : « Tu piges ? » Je crois que je pigeais. Je pigeais surtout que j'avais longtemps mal jugé cette amie chef de chantier, que je prenais pour une ingénieure un peu raide, avec son franc-parler, dont l'intelligence froide convenait parfaitement à une grosse entreprise de BTP, alors qu'elle était aussi, à sa manière, en jean et casque, une authentique créatrice. Elle était l'héritière de ces architectes, mais aussi de ces urbanistes, maçons, couvreurs, zingueurs, qui ont aménagé nos villes comme les agriculteurs ont aménagé nos champs, pour leur donner la physionomie si particulière de l'espace français. Vauban avait mis son génie au service de la guerre, elle mettait le sien, ou au moins son talent, au service de la circulation des hommes et des marchandises. Pourtant l'intelligence est la même, qui s'attache au détail et exploite le moindre repli de terrain, pour en faire ici un glacis, là le point de départ de la jetée d'un pont. Elle exportait notre génie et elle le faisait sans attendre de reconnaissance particulière, que de voir demain un pont élégant relier les deux berges de ce canyon andalou. Je retroussai ma chemise pour tapoter sur ma montre et lui faire signe que je devais retourner à ma réunion. Elle mit ses deux mains sur ses hanches : « Déjà ? C'est une visite éclair. Vous êtes tous pareils, les politiques : vous passez en coup de vent. Au moins, retiens ce que je t'ai dit. » Dont acte. Cette visite de chantier m'aura même donné des clés sur ce qui permettra demain de renouer avec le génie français : un mélange de ténacité et d'intelligence. Semblable à ce mélange qui fait de nos chirurgiens actuels, en plus de la famille Carpentier dont je vous ai parlé, les héritiers d'Ambroise Paré et de Pierre-François Percy (pour qui je nourris une affection particulière, parce que après une mauvaise chute au cours de mon service militaire, qui me cassa la malléole et rompit des ligaments, mon colonel de régiment me fit transporter à l'hôpital qui porte son nom, derrière la porte de Vincennes, où je fus très bien soigné) ; qui fait de nos radiologues les héritiers de Pierre et Marie Curie, de nos archéologues les héritiers de Champollion, chacun dans sa discipline, mathématiques, chimie, physique, histoire, sociologie ou philosophie, mais aussi architecture ou peinture, gastronomie ou sciences du vivant, trouvant en lui la force de renouveler ce génie français. Je veux dire par là non une quelconque supériorité qui pourrait nourrir ce défaut d'arrogance qui nous est reproché, mais une tournure d'esprit qui nous est propre et que rien ni personne ne pourra nous retirer. Le fil de créativité qui coud ensemble siècle après siècle des vies si différentes, pour faire la trame de la France, n'est pas rompu ; il se transforme, voilà tout. On a le droit de s'extasier devant la machine à calculer que Pascal inventa à dix-neuf ans pour faciliter la tâche de son père, surintendant des finances en Haute-Normandie, avec son mécanisme de sautoir pour faire les retenues, ses rouages à lanterne, ses guichets rectangulaires, on peut aussi bien trouver fabuleuse notre maîtrise de l'atome. Un peu plus de trois siècles séparent ces découvertes, une même intelligence les rassemble. Tout cela serait fini ? Le temps français serait passé, le temps européen et, avec lui, le temps occidental ? Allons donc ! D'autres nations se sont mises à créer, aussi bien que nous, elles cherchent, parfois mieux que nous, voyons-y un défi pour nos propres chercheurs et une incitation à nous renouveler nous-mêmes. Il faut juste nous habituer à ce que, sur nos mappemondes, ne se trouve plus inscrit sur les terres du sud de la Méditerranée, comme du temps de

Pascal, *Barbarie*, en lettres noires sur fond sable, mais le nom de partenaires dont les compétences approchent ou dépassent les nôtres. Que la France soit soumise à une concurrence toujours plus rude ne retire rien à notre créativité, rien à nos atouts : en réalité, nous les affaiblissons davantage par nos mauvais choix. Pas plus que la montée en puissance de la Chine, du Brésil, de l'Inde, de ces États-continents qui nous donnent parfois le sentiment d'entrer sur nos marchés comme de gigantesques paquebots poussant devant eux des tonnes d'eau, qui pourraient nous engloutir, ne signifie la disparition du continent européen. Nous avons de quoi résister : résistons. Nous avons à nous organiser mieux, en particulier en Europe, ce continent si riche qui décline à force de discorde : organisons-nous. Nous devons travailler : travaillons. Nous devons inventer et innover, toujours et encore : inventons et innovons. Nous ne changerons sans doute plus la face du monde, comme il nous est arrivé de le faire dans notre histoire, pour le meilleur comme pour le pire, mais nous pourrons améliorer la vie quotidienne de ceux qui nous entourent, ce qui n'est déjà pas si mal ; et qui sait ce qu'une invention peut contenir de révolutionnaire en elle ?

« Ce qui compte avant tout, vous savez, ce n'est pas les moyens : les moyens, on le sait, il n'y en a pas beaucoup. Non, ce qui compte avant tout, c'est l'organisation. » Il repose son gobelet en carton sur la table en formica de la cafétéria. Il m'explique point par point comment, en six ans, il a fait du service des urgences de l'hôpital Bichat, connu auparavant pour la longueur de ses délais de prise en charge, ses brancards qui traînaient dans les couloirs, l'un des plus performants de France. Délai moyen de prise en charge désormais : sept minutes. Pour les cas les plus graves (tri 1) : prise en charge immédiate. Pour les cas les plus bénins (tri 5) : une heure trente. Aucune agitation dans les couloirs ; une sérénité totale. « Il a fallu rompre avec certaines habitudes, fermer les bureaux des médecins, mettre en place un tableau de bord informatique, donner davantage de responsabilités aux infirmières. La clé, elle est là : donner plus de responsabilités à chacun. Si vous respectez à la lettre le cahier des charges des personnels de santé, vous ne vous en sortez pas. Il faut casser le moule. Une infirmière, si vous la formez correctement, elle fait aussi bien un diagnostic vital qu'un médecin, et le service tourne mieux. Plus de responsabilités pour chacun. Vous comprenez ? Plus de responsabilités. » Il reprend son gobelet, qui a laissé un cercle brun sur la table, avale une gorgée de café, poursuit ses explications : « Je ne vous dis pas que ç'a été facile, il y a eu des résistances, une grève ; il a fallu se battre. » Il ajoute, avec dans sa voix comme un peu de chant espagnol, qui lui fait accentuer certaines consonnes, et en effacer d'autres : « Mais c'était le bordel, et moi, je vais vous dire, je n'accepte pas le bordel. » Y a-t-il un autre pays que la France qui laisserait le soin à un docteur en médecine péruvien arrivé sur son territoire à l'âge de vingt-cinq ans, ancien militaire, le soin de réorganiser un de ses services d'urgences hospitalières les plus importants ? Y a-t-il un autre pays que la France qui pourrait attirer pareilles compétences ? Et comment les garder ? Enrique Casalino a un sourire énigmatique. Il passe sa main dans sa chevelure crantée. « Donnez-nous la liberté de travailler, voilà, c'est tout. Donnez-nous la liberté de travailler. » Il se lève, me tend la main : « D'ailleurs il est temps que j'aille travailler moi aussi. »

IX

Dans cette lettre, j'avance en crabe. Je n'emprunte pas que les allées rectilignes, je prends des détours pour vous parler de notre pays, parce que sa profondeur, précisément, ne se résume pas au goût classique qui a fait une partie de sa réputation. Notre histoire ne se lit pas net et à plat comme dans un miroir. Elle a ses revers. Il faut des allers et retours vers le passé pour comprendre ce que nous sommes, imaginer ce que nous deviendrons. Aucun raccourci ne vous dira la vérité. Ne vous laissez pas éblouir uniquement par les lumières, regardez aussi notre part d'ombre. Chaque versant de notre histoire nationale fait son relief et la constitue en propre. Avec quel espoir mon grand-père, votre arrière-grand-père, s'est-il engagé en 1917 ? À quoi croyait-il, ce soldat de dix-huit ans, qui quittait son Algérie lumineuse pour rejoindre la boue des tranchées ? Tous ceux qui partirent la fleur au fusil, en 1914, convaincus que la guerre ne durerait pas longtemps, que ce serait une affaire de semaines, de mois tout au plus, à quoi croyaient-ils ? La France, qu'est-ce que cela représentait pour eux ? Des semaines après seulement, il y eut les gaz, le froid, la vermine, l'attente immobile la peur au ventre, le déchaînement de violence, dont ni vous ni moi nous ne pouvons nous faire une idée. Mais avant ? Avant que les premiers combats ne s'enlisent dans la guerre de tranchées, avant que le pilonnage des obus ne ravage les collines bossues, les transformant en terrains lunaires, hérissés de moignons de troncs noirs, avant les cratères gris, avant les chevaux de frise où gémissent les assaillants fauchés net par les balles des mitrailleuses (« Je n'oublierai jamais les cris de ce Germain, blessé dans les lignes, qui appelait au secours. Il avait à peine vingt ans. On ne pouvait rien faire pour lui. J'ai refusé de donner l'ordre d'aller le chercher, nous aurions perdu d'autres hommes. Il a mis des heures à mourir », raconte dans un de ses carnets votre autre arrière-grand-père, le père de mon père, officier dans un régiment d'artillerie.), avant ce que nous savons, ce que nous savons et que nous ne devons jamais oublier, à quoi croyaient-ils, ces soldats ? Et nous, qui sommes leurs descendants, sommes-nous dignes de leur sacrifice ? À quoi croyons-nous ? En quittant Alger, votre arrière-grand-père maternel devait rêver d'aventure, il laissait la routine et ses parents derrière lui. Il revint blessé et il ne se plaignit jamais. Votre arrière-grand-père paternel, qui reçut en mars 1916 la croix de guerre à Verdun, se contenta d'un mot laconique à sa mère : « J'ai aujourd'hui vingt-cinq ans. Me voilà homme et je me sens enfant. » Lui et tous ses compagnons d'armes, qu'on voit poser fièrement sur une photo d'août 1915 devant une batterie de

75, le caisson à obus ouvert, le canon dressé vers le ciel, ils devaient certainement croire à la France. Ils ne doutaient pas – ou ils n'ont douté que lorsque la violence des combats eut épuisé leurs forces, après des années d'une guerre dont personne ne voyait plus la fin – que donner sa vie pour la France ait un sens. Un siècle plus tard, nous les comprenons à peine ; nous avons pour eux le respect que donne l'éloignement. Qui pourrait mesurer ce que nous leur devons ? Fin 1995, je partis huit mois dans les Balkans ravagés par plus de quatre années de guerre civile. Stagiaire d'ambassade, je ne risquais pas grand-chose, sinon les colères du chef de poste, aussi fréquentes que ses élans d'enthousiasme. Au cours d'une mission humanitaire pourtant, au début de l'été 1996, je me retrouvai bloqué en pleine Krajina, la zone tampon entre la Croatie et la Bosnie, où avaient eu lieu des combats acharnés quelques mois plus tôt. Notre convoi venait d'être arrêté par un barrage de miliciens en treillis et bombers noirs, frappés d'un écusson avec un aigle d'or. Pendant que les Casques bleus qui nous escortaient négociaient notre passage à l'avant du convoi, je décidai de descendre pour me dégourdir les jambes. Il faisait une chaleur écrasante. Je m'éloignai des véhicules, fis quelques pas dans un champ ; un Casque bleu hurla : « Mines ! Mines ! » Je me figeai sur place. Sous les épis qui ondulaient doucement au soleil, je devinais des engins métalliques enfouis, prêts à m'arracher la moitié du corps, le moindre geste pouvait me coûter la vie. Je restai immobile ; un trait de sueur glacée coula dans mon dos. « Venez par là ! Vous refaites les mêmes pas ! Les mêmes pas ! » Lentement, je repartis en arrière ; l'afflux de sang me martelait les tempes et me brouillait la vue ; à chaque pas, j'imaginais une explosion, qui n'eut pas lieu ; je regagnai sans encombre mon véhicule. On me congratula, comme si j'avais affronté volontairement un danger que je me serais bien épargné. À l'avant du convoi, on continuait à négocier ferme. J'entendis des éclats de voix. Cinq minutes plus tôt, ils m'auraient inquiété. Après avoir marché dans ce champ dont je ne saurai jamais s'il était ou non miné, ils me semblaient inoffensifs, presque apaisants, n'importe quelle manifestation de vie m'aurait soulagé. C'est ma seule expérience de la guerre, elle est modeste. Elle ne m'a permis en rien de comprendre ce qu'ont vécu vos arrière-grands-parents, dont les souffrances au combat ont garanti notre liberté. En revanche, ces huit mois dans un pays tout juste sorti de la guerre, dont les habitants manifestaient leur nationalisme jusque dans la manière de prononcer le serbo-croate, m'ont rendu encore plus attentif à cet attachement national, qui ressurgit avec tant de violence pendant les conflits. Comment le faire vivre en temps de paix ? Est-il possible de le séparer de cette tradition militaire qui est une partie de notre histoire ? Les mots de gloire, drapeau, armées ne portent plus le même idéal que celui des conscrits de l'an II ou des poilus de 14, mais ils gardent pour moi leur force. Mon père, quand il ne m'envoyait pas ses cartes postales représentant les grandes heures de l'épopée napoléonienne, m'emmenait régulièrement aux Invalides, visiter le tombeau de Napoléon et le musée de l'Armée. Nous faisions le tour du tombeau monumental en quartz rouge, lourdement posé sur son socle de granit vert. Sur la galerie, gravées dans le marbre, entre deux bustes ceints d'une couronne de lauriers, nous lisions les étapes glorieuses de l'Empire : le Code civil, le Concordat, l'Université impériale, le Code du commerce, la Légion d'honneur. À quel autre moment de notre histoire tant de réalisations ont construit pour si longtemps l'avenir de notre nation ? Ma grand-mère Isabelle aurait modéré mon enthousiasme en citant son cher Chateaubriand : « Ses infirmités sont mortes avec lui ; il n'est resté de ce qu'il fut que sa vie impérissable, mais le mal qu'il causa n'en est pas moins réel. » Quand je vous ai emmenés à mon tour visiter le tombeau de Napoléon, après d'âpres négociations sur la durée de la visite et sur ce qui la suivrait, un tour au Salon de l'automobile porte de Versailles, vous avez passé davantage de temps devant les noms de batailles : Austerlitz, Wagram, Leipzig, vous vouliez savoir où et quand avaient eu lieu ces batailles, combien de morts, qui avait gagné et pourquoi. Vous apprendrez plus tard que la France a connu aussi des défaites. En juin 1940, votre arrière-grand-père paternel, qui avait donc déjà combattu en 14, dut se rendre à l'ennemi après avoir volontairement repris du service, alors que son âge et son statut de père de famille l'en dispensaient. Le 17 juillet 1940, il écrivit à sa femme, votre arrière-grand-mère, Germaine : « Je n'ai pas été fait prisonnier, mais j'ai mis bas les armes, avec tout mon groupe au complet, sur ordre, quelques heures avant l'armistice. » Il souligne dans sa lettre : « *sur ordre* ». Regardez cette histoire en face : elle est la mienne, elle est aussi la vôtre. Ne gardez pas silencieux ce qui pèse sur la conscience de la France. Il y eut, dans notre pays, un moment où, sur ordre, nos armées mirent bas les armes, un moment où les élites capitulèrent, où l'esprit de la défaite et du renoncement l'emporta sur l'esprit de résistance, où les meilleures intelligences se mirent au service des pires intentions, un moment où remonta des profondeurs de notre nation un mélange âcre de médiocrité, de bassesse, de misère morale, de délation et de lâcheté, que nous ne pouvons pas effacer de nos mémoires. Pour votre arrière-grand-père paternel, le général Pétain avait été un grand chef, proche, soucieux de la condition matérielle de ses hommes. Il en comprit d'autant moins comment le maréchal céda tant et si vite à l'occupant allemand. Prisonnier dans l'Oflag XIII-A près de Nuremberg, il écrit encore à Germaine : « Les temps de misère ont commencé pour notre belle France. Nul ne sait quand ils finiront et si le maréchal Pétain sera comme en 1916 à la hauteur des circonstances. » Soyez toujours fiers de la France, mais voyez ce que des Français ont fait à d'autres Français, ne dissimulez rien, essayez de comprendre pour surmonter. N'oubliez jamais que des enfants de votre âge sont morts dans des camps parce que des hommes du mien n'ont pas su dire non ; n'oubliez jamais que notre idéal national de raison, de tolérance, de sagesse et de courage a été trahi par un petit nombre, avec la complicité de certains et le silence de tous, ou presque. Pensez à ces jeunes de vingt ans qui sont morts fusillés ou pendus à la hâte dans les rues de Tulle pour avoir refusé ce silence ; pensez à ceux qui, dès 1940, abandonnèrent le confort de leurs familles pour rejoindre Londres, c'est-à-dire rien à l'époque. Quand Daniel Cordier quitta le Sud-Ouest pour Casablanca, puis Londres, avec une poignée d'autres jeunes, il fut accueilli froidement par le général de Gaulle : « Je ne vous féliciterai pas d'être venus : vous avez fait votre devoir. Quand la France agonise, ses enfants se doivent de la sauver. » Plus tard, Daniel Cordier devait devenir un des piliers de la résistance, un proche de Jean Moulin, qui, en marge de ses activités de résistant, courait les expositions d'art moderne et offrait des écharpes doublées de cachemire à son protégé. Relisez ces mots : « Quand la France agonise, ses enfants se doivent de la sauver. » Ou cet extrait d'une autre lettre de votre arrière-grand-père : « Je me suis battu autant que j'ai pu. » L'emphase a vécu, le message reste. Dans la résistance persiste ce que les Britanniques trouvent de meilleur et de plus irritant chez nous : le panache ; un refus de la résignation, la capacité à se sacrifier pour une cause plus grande que soi, aussi désespérée soit-elle, une indifférence aux circonstances. Ce panache est tout pour moi de la France, mélange de hargne, de simplicité et de folie. Il a pour moi la figure de ces jeunes résistants, qui ont sauvé par leur courage, par le caractère intraitable de leur engagement, un certain esprit français que les malheurs avaient rongé à la moelle. Car la cause semblait entendue pour une immense majorité de Français, y compris dans ce Sud-Ouest dont venait Daniel Cordier. Le grand-père de Pauline, votre arrière-grand-père, Charles, qui vivait dans la région, nous avait raconté un jour cette anecdote : « Un soir, nous étions réfugiés dans la maison de votre grand-mère, à Feugarolles, un groupe de miliciens frappe à la porte. Ils réclamaient un jambon. Qu'est-ce que nous avons fait ? Nous leur avons donné le jambon. » Manière de reconnaître le vainqueur. Notre histoire de France n'est pas qu'un va-et-vient incessant de la gloire à la gloire : elle a eu ses moments de honte. Ils ne retirent rien aux autres moments où notre nation s'est illustrée ; mais nous ne vivrons en paix avec nous-mêmes que si nous avons la force d'avancer vers l'avenir en assumant tout de notre passé. Vous serez d'autant plus les héritiers de cette gloire que vous en connaîtrez les ombres. Il n'y a pas de soleil, aussi éclatant soit-il, qui n'ait ses taches.

X

Souvent, vous m'avez vu partir. Ma carrière professionnelle puis la vie politique ont fait de moi un absent. Il y avait toujours une bonne raison : une réunion de cabinet matinale, un rendez-vous avec le ministre que je n'étais pas encore, auquel par conséquent j'obéissais, une conférence à Genève, une assemblée générale aux Nations unies, un discours à réécrire tard dans la nuit. Comme diplomate, une partie de ma vie professionnelle était hors de France – raison pour laquelle, sans doute, je laissai tomber cette activité, qui m'aurait privé trop longtemps de mon pays. Les départs étaient le lot de mon métier. Ils donnaient aussi du piment, qui avec le temps a perdu de son goût, aux premières années de ma vie active, dont je redoutais que les habitudes, les règles, les obligations, le protocole ne fassent au bout du compte une prison. La liberté a toujours eu pour moi un prix que je me refuse à calculer. Il suffit de me forcer à faire une chose pour que je choisisse son contraire. Esprit de contradiction, hérité de ma grand-mère Isabelle sans doute, ou de ses lointains ascendants brésiliens. Je me sentais plus vivant dans le salon d'attente d'un aéroport, sur le point de décoller pour une destination lointaine – quoique dans des conditions matérielles qui n'avaient rien de très exotique, réservations d'hôtel faites, passeport diplomatique en poche, trois caleçons et deux chemises dans la valise. Plus je partais loin, plus il me semblait ralentir la course du temps. Chaque fois, je vous retrouvais avec un bonheur décuplé ; souvent tôt le matin ; parfois dans la nuit, quand vous veniez gratter à la porte de notre chambre pour vérifier que j'étais rentré. « Tu es là ? » Je ne me souviens plus qui de vous quatre, au milieu d'une nuit, est venu au bord de notre lit me poser cette question, mais je me rappelle son regard : c'était le regard de tous ces enfants inquiets de l'absence de leurs parents, comme s'ils sentaient obscurément qu'un jour, par la force de la nature, ils auraient à affronter une autre absence, définitive celle-là. La succession de ces départs, parfois à des intervalles très rapprochés, finissait par composer une image fixe, si bien qu'à mon retour je me sentais presque fatigué d'être immobile, au même endroit. Cette frénésie de déplacements m'a passé. Pauline, votre mère, m'a appris la lenteur, ou les rudiments de la lenteur, à laquelle je trouve (en forçant mon caractère) des avantages. Je comprends donc l'attrait des voyages. Jamais je ne vous ferai le reproche de vouloir sortir de cette figure géométrique que nous appelons hexagone pour rejoindre un autre pays, qui vous en apprendra autant sur vous-mêmes que bien des rencontres. Est-ce que d'ailleurs vous vivez sur le même territoire que le mien à vos âges ? Non. Vos frontières ne sont pas les miennes, qui déjà n'étaient pas celles de mon père ; lui brandissait encore sa pièce d'identité pour franchir la frontière espagnole à Bilbao, accompagnée d'une autorisation de sortie de territoire pour ses enfants, imprimée sur une carte crème, et nous éprouvions avec lui un léger frisson à nous trouver sur le pont de la Bidassoa, entre France et Espagne. Partir aux États-Unis était une aventure ; l'Asie, une expédition. Votre monde est plus vaste que le mien ; ce serait la pire des erreurs que de vouloir le rétrécir. Agrandissez-le encore, au contraire. Vous constaterez en voyageant combien la France est attendue, combien notre affaiblissement, que nous prenons pour une fatalité, est un moment passager aux yeux des autres nations, qui, malgré tout, désespèrent parfois de notre incapacité collective à affronter la réalité du monde en face. Le 14 février 2003, je me trouvais derrière Dominique de Villepin au Conseil de sécurité des Nations unies. Quand les applaudissements éclatèrent à la fin de son discours, je me dis, en observant la salle que le secrétaire général Kofi Annan tentait mollement de ramener au calme : « Tiens, la France est encore capable de cela. » Ensuite vinrent les critiques. Le premier tir de barrage fut des États-Unis et de leurs alliés : normal, ils se retrouvaient brutalement au pied du mur, condamnés, soit à retirer les dizaines de milliers d'hommes et les tonnes de matériels en cours de déploiement depuis des semaines aux frontières de l'Irak, soit à forcer le passage diplomatique ; on connaît la suite. D'autres leur emboîtèrent le pas, notamment en France : on reprochait pêle-mêle à Jacques Chirac et à son ministre des

Affaires étrangères leur aveuglement, leur incapacité à évaluer la menace irakienne, pourtant inexistante, leur obstination à contrecarrer les desseins des États-Unis, qui par définition étaient de nobles desseins. Certains prétendaient que nous aurions pu nous y prendre différemment. Je me rappelle la remarque d'un directeur de rédaction : « Je ne conteste pas votre ligne politique, mais vous auriez dû la défendre autrement. Ce n'était pas nécessaire de prendre les Américains bille en tête comme vous l'avez fait. » La plupart des diplomates au Quai d'Orsay pensaient exactement la même chose. Tous n'avaient pas eu la chance de rencontrer dans son bureau de Washington le directeur politique du Département d'État, John Bolton. Sur une table en bois verni, au milieu des traditionnelles photographies sous cadres argentés, où John Bolton posait avec George Bush junior et senior, Paul Wolfowitz, Condi Rice ou Dick Cheney, trônait une grenade dégoupillée, avec cette inscription : « *To John Bolton – world's greatest Reaganite*. » Un jour où il me recevait avec son homologue français, après une heure de discussion, il prit la grenade dans sa main droite, la fit sauter deux ou trois fois en l'air, et nous dit : « Voilà la solution. » John Bolton était par ailleurs un homme charmant, à qui sa moustache et ses lunettes cerclées donnaient des airs de colonel britannique de l'armée des Indes. Un sénateur conservateur de Caroline du Nord dit un jour de lui : « John Bolton est le gars avec qui je voudrais me trouver le jour de l'Apocalypse, pour la bataille finale entre le bien et le mal. » En 2005, George Bush junior, qui avait le sens de l'humour, le nomma, pour services rendus, comme représentant permanent des États-Unis aux Nations unies. Voilà le genre d'hommes que la France avait en face d'elle pendant la crise irakienne en 2003 ; voilà à qui elle résista, avec le soutien de l'Allemagne et de la Russie. Combien de peuples se sont reconnus à ce moment dans le combat de la France ? Combien de nations ont été soulagées de voir que tout le monde ne cédait pas devant les néoconservateurs américains, qui n'étaient pas toute l'Amérique ? Ailleurs, vous retrouverez confiance en vous, et l'envie de vous battre pour ce que nous sommes encore. Wolfgang Schäuble, ministre des Finances allemand, me dit un jour, tassé dans son fauteuil roulant, dans un français impeccable : « Vous avez une passe difficile, nous aussi nous avons eu une passe difficile. Mais vous êtes la grande nation, non ? » Nous poursuivîmes la discussion en allemand.

Mon père était adolescent sous l'Occupation – je crois qu'il est impossible d'imaginer son père adolescent, avec cette hésitation propre à cet âge entre deux eaux, l'enfance et l'âge adulte, où on se débat tant bien que mal contre des courants contradictoires. Il habitait à Paris, rue Émile-Meunier, dans un vaste appartement sombre où, plus tard, je devais rendre visite tous les mercredis à sa mère, votre arrière-grand-mère paternelle, assise dans un fauteuil rembourré de crin, dans la seule pièce qu'elle utilisait encore. Le soir, mon père tenait son journal. Si je ne l'imagine pas, lui, assis à sa table de travail et écrivant, je vois la lumière du couvre-feu sur son cahier, filtrée par le papier-calque bleu collé aux fenêtres. Il découpait les photographies des journaux, collait les portraits des généraux, dessinait les cartes des différents fronts, en marquant l'avancée des troupes allemandes et des troupes alliées, les unes avec des croix rouges, les autres avec des croix bleues. À la naissance de sa sœur, en 1943, il traversa Paris à pied pour rejoindre la clinique du quatorzième arrondissement où elle était née. Son père, votre arrière-grand-père, venait de rentrer de son camp de prisonniers. De son internement, il reste des lettres et des carnets, que je vous ai cités, et des aquarelles, qui représentent la vie quotidienne des prisonniers dans le camp de Nuremberg puis dans celui de Saint-Mihiel, dans la Meuse : on y voit des soldats qui font leurs ablutions dans un seau, d'autres qui font la lessive, qui fument, qui écrivent, qui attendent on ne sait quoi les bras croisés dans le dos, bref, qui passent le temps. À Paris, la vie de famille reprenait son cours. À deux reprises, en 1914 puis en 1940, mon grand-père avait vu sa vie personnelle affectée par des événements dont les Allemands étaient les premiers responsables. Son fils Maurice avait été privé de lui pendant trois ans. Pourtant, l'un comme l'autre, par je ne sais quel cheminement intellectuel, prirent résolument parti après 1945 pour l'amitié franco-allemande. Sans doute que le général de Gaulle, dont la naissance dans le Nord comme le sens de la dignité et le caractère peu expansif le rapprochaient du côté maternel de la famille de mon père, joua un rôle décisif dans ce choix – car ce fut un choix résolu, qui emporta nombre de conséquences par la suite. La fascination pour la puissance qui avait tenu en échec la France, et qui désormais était à terre, par un prodige de l'histoire qu'on ne cherchait pas trop à expliquer, devait aussi entrer en ligne de compte ; on se détache difficilement des puissants, qu'on les aime ou non. Mon grand-père paternel, qui, après guerre, se remit à travailler au service des statistiques, se prit donc d'intérêt pour la culture allemande, la littérature en particulier. Maurice suivit son exemple quelques années plus tard. Il me fit apprendre l'allemand, langue dont il ne parlait pas un mot. Je suis donc le produit de cette histoire familiale, somme toute assez banale, qui eut à combattre contre les Allemands, et qui, plus tard, décida de faire volontairement le chemin vers l'Allemagne que deux guerres successives l'avaient amené à faire contre son gré. Raison pour laquelle je pleurai presque lorsque, secrétaire d'État en charge des Affaires européennes, j'entendis la chancelière allemande prononcer ces mots sous l'Arc de triomphe : « *Nie wieder Krieg* », « plus jamais la guerre ». J'avais quatorze ans lorsque je me rendis pour la première fois dans ce qui était alors la RFA ; c'était à Brême ; ma famille d'accueil habitait un pavillon dans une rue résidentielle à la sortie de la ville, 85, *am Hulsberg*. Les fenêtres étaient protégées à mi-hauteur par des rideaux de dentelle crème, les chaises, les fauteuils, le canapé du salon recouverts du même tissu de laine à motifs de chats, la passion de la mère de mon correspondant. Des chats, il y en avait partout : un vrai, qui somnolait toute la journée dans un coin de la cuisine, mais surtout des chats en tapisserie, en porcelaine, en imprimé sur les poufs, sur les coussins, en décalcomanie sur les carreaux de la salle de bains, et même un petit groupe de chatons en terre cuite qui servait de vase. Mon correspondant avait une sœur, Andrea. Elle me parlait lentement une langue que je comprenais à peine. Je tombai amoureux. À mon départ, elle me laissa une photo d'elle en tenue de danseuse classique, une jambe tendue sur une barre fixe, les deux bras relevés en tulipe au-dessus de sa tête, qui s'incline doucement. Je l'ai gardée des années dans mon portefeuille avant qu'elle disparaisse. Où ? Comment ? Par quelle négligence a-t-elle glissé hors de son rabat de plastique ? Je dois à Andrea, à mon père, à mes professeurs d'allemand, aux multiples rencontres que je fis par la suite avec des personnalités politiques, à mes lectures, cet attachement profond, et pourtant moins naturel que celui qui nous emmène régulièrement tous les six en Italie, à l'Allemagne. Je ne sais pas quel pays sera votre Allemagne ; quelle Andrea vous rencontrerez, dont vous finirez par garder un souvenir vague ; dans quelle autre langue que votre langue maternelle il vous arrivera de parler et, pourquoi pas, de rêver. Peu importe, du moment que la France vous donne la confiance de vous déplacer dans le monde et de vous nourrir de lui. La France appartient aussi à ceux qui vivent hors de notre territoire. Ces jeunes, ou moins jeunes, qui de leur chambre ou de leur bureau jettent un regard distrait à la baie de San Francisco, qui prennent un verre dans un des bars du Bund de Shanghai, qui marchent sur les rives mouillées de la Tamise, qui se mêlent au grouillement perpétuel des rues de New York, qui réfléchissent dans des universités étrangères, enseignent, créent, inventent, qui parcourent les espaces du Grand Nord depuis le Canada ou creusent des puits au Sahel, nous ferions mieux de répondre à leurs attentes en France plutôt que de leur reprocher leur départ ailleurs. La jalousie que suscite le succès est une maladie commune, mais qui prend sur notre sol des proportions inquiétantes, soumis que nous sommes à la tradition des titres et des charges : dans ce modèle, tout succès nouveau est au mieux une usurpation, au pire une menace. Nous pouvons tout changer à notre modèle : si nous ne tournons pas le dos à cette tradition, nous ne changerons rien. La France conserve donc un crédit à l'étranger. Hélas, il s'épuise. Nos partenaires européens sont prêts à nous pardonner beaucoup, mais pas tout, et certainement pas cette habitude regrettable de mettre sur leur dos, ou sur celui de la construction européenne, la responsabilité de nos propres échecs.

« Comment dit-on en français *Sündenbock* ? Bouc émissaire, non ? Vous n'avez pas besoin de boucs émissaires. En général, c'est une stratégie qui ne mène nulle part. » Wolfgang Schäuble avait à nouveau repris la conversation en français ; au cours de cette même discussion, il me fit une longue liste de nos atouts, qui, présentée par un responsable politique français, aurait semblé exagérément optimiste, à la limite de l'arrogance. Il conclut dans un murmure : « Je suis en dessous de la vérité. » Nous étions en désaccord sur quelques points ; mais sur le plus important, le rôle qui revenait à la France et à l'Allemagne pour proposer un projet qui renforce toutes les nations européennes, nous étions sur la même longueur d'onde. Nous ne retrouverons pas notre crédit en tournant le dos aux échanges internationaux et en réclamant la fermeture des frontières, dont aucun autre État ne veut ; nous ne retrouverons pas notre crédit en laissant croire que l'État peut diriger les entreprises à leur place ; nous ne retrouverons pas notre crédit en refusant de tailler dans les dépenses publiques et en réclamant sans cesse des délais supplémentaires pour revenir à l'équilibre ; nous ne retrouverons pas notre crédit en présentant comme des avancées majeures les petits pas insuffisants des partenaires sociaux sur la réforme de l'indemnisation du chômage ou sur la formation professionnelle, alors que tout est à revoir ; nous ne retrouverons pas notre crédit, nous, les responsables politiques, et la France avec, en refusant d'assumer les choix difficiles qui sont devant nous.

XI

Ma grand-mère Isabelle avait donc la passion de la langue française et de ses petits-enfants. Un été, elle décida qu'il était temps de m'apprendre à lire. Elle a noté dans un carnet le lieu : Saint-Ferréol, et la date : juillet 1974. Parmi les bribes de souvenirs qui me restent, je vois encore, dans le jardin qui dominait le lac de Saint-Ferréol, la table en fer forgé sur laquelle nous nous installions, peinte en blanc et percée de trous en forme de fleur. Le soleil jouait dans les branches de pins et m'aveuglait. Je mettais une main en visière, l'autre à plat sur le livre, observant un coq qui chantait au sommet d'une meule de foin. Elle épelait les syllabes ; je répétais ; je faisais une erreur, elle répétait encore, jusqu'à ce que je sois capable de lire, sans trébucher : « cocorico », comme un cri de victoire de mon intelligence de cinq ans sur les signes abscons de la langue. Quand je rechignais à m'installer sur la table en fer forgé, elle me disait : « Lire, c'est être libre. » Plus tard, quand je rencontrai dans ma région de Normandie des adultes qui n'avaient pas eu la chance d'avoir leur grand-mère, ou un enseignant, pour leur apprendre à lire et écrire correctement, je me rappelai ses mots : « Lire, c'est être libre. » Eux me disaient : « Quand on ne sait pas lire ou écrire, on sait plus où on en est. On se sent humilié, en fait ; on a l'impression de gêner. On sert à rien. » Ces adultes avaient en général changé d'école cinq ou six fois dans la même année ; ils avaient perdu leurs repères ; au bout du compte, ils s'étaient découragés. Ils font partie de ces centaines de milliers de personnes qui souffrent de leur illettrisme, un mal qui semble aussi archaïque, mais qui est pourtant bien réel, que pourrait l'être la résurgence de la polio ou de n'importe quelle autre maladie infectieuse dans nos sociétés occidentales modernes. Derrière l'illettrisme, combien de jeunes qui ne maîtrisent pas bien les fondamentaux de notre langue ? Combien de jeunes qui échoueront faute de maîtriser les savoirs fondamentaux ? Vous avez la chance de faire des études. Vous avez la chance de suivre un parcours scolaire normal. Comme tous les enfants, vous avez eu des difficultés, mais elles ont été repérées, vos professeurs ont trouvé des solutions, vous saurez lire et écrire correctement. Comment se fait-il qu'en France tant d'enfants de vos âges ne sachent pas lire et écrire correctement ? Pourquoi notre école primaire ne remplit-elle plus aussi bien la mission première qui devrait être la sienne ? De tous les problèmes qui minent notre société française, un des plus graves est sans doute l'affaiblissement de notre école. Notre économie est malade, mais les solutions sont connues : moins que les solutions, c'est la méthode pour les mettre en œuvre qui nous fait défaut depuis des années. Ou le courage. Notre école est malade également, mais les remèdes seront plus complexes, ils demanderont du temps, de la volonté, un travail en commun de tous ceux qui, à un moment ou à un autre, ont à entourer nos enfants. Chacun s'accorde à faire du renforcement de l'école primaire une priorité ; mais ensuite ? À quoi bon ouvrir ce chantier si nous conservons à notre modèle éducatif sa rigidité ? En France, la sélection a pris le pas sur la formation ; la voie générale a étouffé les autres voies ; l'alternance, qui offre tant de possibilités, reste le parent pauvre d'une société qui rêve d'abord de titres universitaires et de diplômes. Quand changerons-nous enfin de culture scolaire ? Quand diversifierons-nous enfin la formation de nos élites ? Nous avons en France la religion des diplômes, comme nous avions autrefois la religion des titres ; ils valent brevet de respectabilité, à vie. Ils sont, pour reprendre les mots de Pascal, que je cite pour la dernière fois, « les cordes qui attachent le respect des uns envers les autres ». Il est énarque, il est polytechnicien, il est normalien, il a fait telle école, il a fréquenté telle université sont des remarques d'usage, qui ne surprennent personne. Pourquoi ne parlerait-on pas davantage de ce que cet énarque, ce polytechnicien, ce normalien a fait depuis son succès à un concours ? Je connais nombre de hauts fonctionnaires qui, pour ne pas avoir fait grand-chose durant leur carrière, et sans jamais avoir rendu de comptes à personne, n'en dirigent pas moins l'État, parce qu'ils sont sortis de la bonne école et dans le bon rang de classement, à vingt-cinq ans à peine. Qui leur demandera plus tard d'apporter la preuve de leur compétence ? Sur une plage, en plein mois d'août, je croisai un jour un homme d'une soixantaine d'années, le crâne chauve luisant de crème solaire, le torse velu comme un ours, qui ne put s'empêcher de me dire au bout de quelques minutes de conversation : « Je sais bien, quand j'étais à Polytechnique, j'avais déjà eu le même genre de problème à régler. » De quel problème parlait-il ? Je ne sais plus. Cette entrée en matière prêterait à sourire, si elle n'était pas aussi répandue parmi les élites françaises. Aucune société ne peut croire à son avenir, qui livre ses clés à si peu de monde, si tôt, et pour si longtemps. Il ne s'agit pas de renoncer à la rigueur intellectuelle de nos formations, mais nous devrions pouvoir mieux conjuguer les exigences du savoir et la valorisation du talent de chacun ; nous devrions pouvoir mettre un peu plus d'incertitude, donc un peu plus de reconnaissance de la valeur individuelle, dans le recrutement de nos élites. Soyez libres ; tracez votre propre chemin ; croyez en vous, ne croyez pas aux titres, élevés ou non, prestigieux ou non. Tentez. Échouez et tentez encore. Ne pensez pas que vous pourrez vous passer d'un apprentissage parfois ingrat, mais ne devenez pas les prisonniers de cet apprentissage. Ne méprisez jamais les leçons qu'on vous donnera, mais ne les suivez pas à la lettre non plus. Un pianiste immense, pour qui la technique n'avait plus de secret, se dit un soir, à l'issue d'un concert, que son jeu se résumait désormais à sa technique ; il sombra dans la dépression ; il arrêta de jouer pendant douze ans. Quand il reprit, il osa au clavier ce que jusqu'alors il n'avait jamais osé, les fausses notes, qui étaient, dit-il alors, « la preuve de [sa] liberté ». Il ajouta, en anglais mais avec son accent russe : « *Never be afraid to dare* », « n'ayez jamais peur d'oser ». Vous êtes jeunes : bousculez l'ordre établi ; bousculez les hiérarchies. Ce sont les plus anciens, et les plus sages, qui vous le demandent, car ils savent que la France a plus que jamais besoin de votre enthousiasme. Vous prendrez des coups : ils vous grandiront. Vous subirez des critiques : elles fortifieront vos convictions. La seule chose dont vous souffrirez véritablement ne vous touchera pas vous, personnellement, mais vos proches. Pendant le débat sur le mariage pour tous, expression si galvaudée, hélas, aucune des attaques dont j'ai fait l'objet ne m'a blessé, excepté celles dont vous avez été vous aussi les victimes. Que des membres de ma famille, des militants, des amis me disent : « Nous ne comprenons pas ton abstention. Comment peux-tu accepter une union entre deux personnes de même sexe ? Toi, marié, avec quatre enfants, tu devrais défiler avec nous pour défendre le mariage », quoi de plus normal ? C'était à moi d'expliquer ma position : pourquoi ma conception de l'égalité m'amenait à défendre un cadre juridique aussi stable et aussi protecteur, aussi respectable j'ajouterais, pour les couples homosexuels que pour les couples hétérosexuels ; pourquoi je refusais de me laisser enfermer entre un vote négatif, qui n'acceptait rien, et un vote positif, qui acceptait tout ; pourquoi en revanche je refusais, et continuerai de refuser avec la même détermination, un quelconque droit à l'enfant. Je n'ai jamais varié de ligne, je n'en varierai pas. Je regrette que vous ayez eu à souffrir de mon choix et que certains, quelles que soient leurs raisons, vous aient pris à partie parce que votre père, comme député, avait décidé de défendre ses propres convictions. Vous avez fait preuve de force de caractère. Pourtant, à ce moment, je me suis dit que le combat politique, au regard du prix que payent ceux auxquels vous tenez plus que tout, était décidément un combat difficile. Mieux vaut le livrer sans réserve pendant quelques années, comme on se consacre à une mission, puis passer la main à une génération nouvelle, qui saura écouter et comprendre son temps. Par conséquent, rassurez-vous : si la politique est pour moi un sacerdoce, et un beau sacerdoce, au service des autres et de sa patrie, elle est un sacerdoce à durée déterminée. L'humour de Clemenceau est cruel : « Les cimetières sont pleins de gens indispensables, qui tous ont été remplacés », mais il vise juste. En politique, il faut autant de force pour venir que de sagesse pour partir. En définitive, je continue de croire que nous devons user de toute la liberté que donne la démocratie, y compris celle de se trouver en désaccord avec les siens, pourvu que ce soit au nom d'une cause à laquelle nous croyons, fermement et sincèrement. Ne cédez pas à la polémique : elle est souvent stérile. Mais ne cédez pas davantage aux injonctions extérieures quand, au fond de vous, votre conscience vous dicte un chemin différent. Soyez fermes, soyez justes.

XII

Et maintenant ? Que nous reste-t-il à faire, vous et moi ? Vous avez la vie devant vous, et moi, la politique. Seul, je ne ferai rien. Ensemble, nous pouvons tout. Mettons fin à cette vieille conception de la politique, qui veut qu'un seul homme puisse changer ce que des générations avant lui, aux postes les plus élevés, ne sont pas parvenues à faire bouger, ne serait-ce que de quelques millimètres. La pesanteur des habitudes résiste aux volontés les plus affirmées ; elle ne résiste pas à un peuple en mouvement. Notre démocratie ne retrouvera jamais sa vitalité, notre nation ne retrouvera jamais sa grandeur contre le peuple, mais avec lui. Je suis sorti de dix ans de pouvoir avec cette conviction : rien de grand en France ne se fera par la force, rien de grand en France ne se fera par un seul homme. On peut avoir été élevé dans le culte de Napoléon et imaginer une autre voie pour notre pays. Du reste, ce sont moins les conquêtes militaires de Napoléon qui me font encore rêver que ses réalisations civiles, qui ont mis en ordre en quelques années le désordre issu de la

Révolution ; j'ajouterais : sa capacité à forcer son destin. De toutes les représentations que mon père, Maurice, m'aura montrées de son grand homme, celle qui restera gravée le plus profondément en moi est de Job, un dessinateur de Bar-le-Duc : on y voit Bonaparte, cadet à l'école militaire de Brienne, assis dans une salle d'étude déserte, au milieu des livres et des équerres ; il rêve, accoudé à sa table de travail. À quoi ? Une carte de l'Europe est accrochée au mur : la lumière d'une bougie y projette son profil émacié, en ombre gigantesque. Je ne vous souhaite pas les mêmes rêves, mais la même puissance dans les rêves, et que la France vous donne les moyens de les réaliser ; je ne veux pas une nation belliqueuse, mais une nation conquérante.

Ma grand-mère aurait certainement tempéré mon enthousiasme sur les origines modestes de Napoléon – selon moi, il n'y a rien de plus important dans une république que de pouvoir s'affranchir de ses origines. Armée de son Chateaubriand, elle l'aurait replacé à son rang dans l'aristocratie, manière de le récupérer à son compte, ou de le compromettre. Parce qu'elle partageait mon attachement au mérite, elle aurait néanmoins répété une de ses formules fétiches, tirée du même Chateaubriand, et qui vaut ligne de conduite : « La gloire d'un homme ne remonte pas ; elle descend. » Le pouvoir peut donc toujours brandir les instruments de la contrainte : en réalité, ils sont un signe de faiblesse. On contraint quand on ne convainc plus. Un matin où la procédure parlementaire sur la loi portant sur la création du CPE n'avançait plus, je vis débarquer tout agités dans le bureau du Premier ministre une délégation de parlementaires de la majorité réclamant qu'on en finisse, par le recours au 49.3. L'idée séduisit Dominique de Villepin ; l'après-midi, il passait en force au Parlement ; le lendemain, le CPE était mort. Le 49.3 cristallisa des oppositions déjà puissantes, en accréditant l'idée que ce contrat était non seulement injuste, mais illégitime, et illégitime parce que injuste. C'est d'ailleurs tout à l'honneur de notre pays que la justice occupe une place si importante dans la légitimité des décisions politiques. La force sans la justice ne peut rien, Bonaparte ne fera pas oublier Saint Louis. En France, nous admirons l'audace et nous vénérons la bonté, les deux sentiments se disputent notre cœur depuis des siècles, ce qui rend le pays si difficile à gouverner. La plupart des jeunes qui quittent la France sont convaincus que, désormais, plus rien ne peut changer. Combien m'ont dit : « Maintenant, c'est trop tard. On ne vous croit plus. On s'en va, toutes vos bonnes paroles ne nous feront pas revenir, c'est plié, vous voyez bien. » Combien d'autres, qui ne peuvent pas quitter la France, pour des raisons matérielles, ou faute d'un niveau d'études suffisant, m'ont jeté à la figure comme une provocation, ou comme un choix assumé, leur vote pour le Front national ? Avec ces remarques : « Si on veut que ça change vraiment, il ne reste plus que le Front national. Tout le reste, on a déjà essayé, ça ne marche pas. » Pourtant non, tout n'a pas déjà été essayé. Non, il ne reste pas que le Front national pour que la France change et se redresse. Il reste vous. Il reste tous ces jeunes qui croient à leur nation et se battent pour elle. Vous, vous pouvez croire à la capacité de la France à changer, parce que vous ferez ce changement. Vous ne le subirez pas, vous en serez les moteurs. Il ne sera pas un ordre ou un commandement, mais votre responsabilité. Il ne procédera pas des lois, mais de votre volonté, de votre engagement. Nous ne ferons rien sans vous. Nous ne pourrons rien sans vous. Ce qui nous attend est plus grand que ce que nous avons déjà vécu. Ce qu'il nous reste à faire est plus important que ce que nous avons déjà accompli. Alors restez en France. Restez pour participer à ce qui vient dans votre pays et qui est un immense souffle de renouveau. Vous voulez une aventure ? Elle se joue ici. Vous voulez retrouver le fil de votre histoire ? Il est devant vous, à portée de main. Demain, la France sera de retour.

Ouvrage composé
par Dominique Guillaumin, Paris
Achevé d'imprimer
par l'Imprimerie Floch
à Mayenne, le 11 août 2014.
Dépôt légal : août 2014.
Numéro d'imprimeur : 87209.
ISBN 978-2-07-014612-3 / Imprimé en France.

268070